〝五芒星〟封印解除と〝魔除け〟再起動

鬼門（白猪）・裏鬼門（八咫烏）の復活と天照大御神の伊勢神宮内宮本鎮座

88次元 Fa-A
ドクタードルフィン
松久正

青林堂

はじめに

本書は、世界最重要の魔除《まよ》けの場所である、我が国・日本の近畿に存在する五芒《ごぼう》星《せい》、の封印を解き、覚醒させた記録です。

神の頂点である大宇宙大和神《オオトノチオオカミ》と同一体の私は、今まで日本各地の聖地でエネルギー開きを行うことで、眠っていた神のエネルギーを、目醒めさせた実績があります。

その私が、以前より注目していた場所が、日本で最大級の神のエネルギーが眠っている近畿地方の5つの聖地と、それが形作る巨大な五芒星でした。

日本の国土を生み出した伊邪那岐命《いざなぎのみこと》と伊邪那美命《いざなみのみこと》、日本人に最も大きな影響を与えている天照大御神《あまてらすおおみかみ》が祀られていた近畿は、古《いにしえ》の時代は強力な魔除けの効果を有しており、人々は五芒星の中央部に都を築いて、多大な恩恵を得ていました。

しかし、当時の大和朝廷では、真実の神が封印され、偽りの神が居座った結果、同地の魔除けの効果は大幅に弱体化して、結果的に、近畿の衰退を招く結果となりました。それのみならず、日本人の霊性を大幅に弱体化させる形になったのです。

現在の日本では、大半の人々が、明確な理由、効果が存在しないにもかかわらず、メディアが発するウィルス感染症の予防対策を、盲目的に行い続けています。その理由は、日本人の霊性が低下したことで、日本人の魂が、争いを肯定するエネルギーの支配下に置かれていたからです。

以前、私は、伊勢神宮に祀られていた天照大御神が偽りであったことを知り、宇佐神宮に眠る真の天照大御神の封印を解いて復活させました。そして、今回、近畿の五芒星を開いたことで、真の天照大御神が、本来鎮座するべき伊勢神宮内宮に戻ることが叶ったのです。

このエネルギー開きにより、日本国並びに日本人の意識次元エネルギーが上昇し、世界をより良い方向へ導く力が生み出されました。高い霊性を得た今後の日本は、新時代のリーダーとなるでしょう。

読者の皆さまには、その大きな変化を、ぜひとも、この本で、感じ取っていただきたいと思います。

既存の歴史書の内容と、私の高次元リーディングの歴史内容は、少なからず、異なります。既存の情報は、私からすると、真相ではない、ということになります。

88次元 Fa－A

ドクタードルフィン 松久正

目次

第4章　神々の霊言

これからの日本は、外国からの勢力をはねのけられる
天照大御神が語る感謝のメッセージ
天照御大神の言葉

第1章

真の天照大御神を移鎮座させるための御神事

新型コロナウィルス禍によって計画が変更された

私は、以前から、ギリシアやイギリスなどヨーロッパ各国に、それぞれ10日間ほど滞在して、「海外のエネルギー開き」を行おうと計画していたのですが、新型コロナウィルス禍によって海外への渡航が禁止になってしまったので、昨年（令和3年）、一昨年（令和2年）と、海外でのイベントは叶いませんでした。

そこで、国内でのリトリートツアー開催に変更したのですが、それを行う地域はどこにするべきか、思案しました。ツアーは1週間ほどにわたって行われるので、診療所での診療を10日ほど休む必要があるなど、開催するまでにいろいろな準備が必要です。今まで国内の様々な場所で行った経験はあるものの、なかなか、「これだ！」という場所は見つかりませんでした。

少々途方に暮れていると、とある旅行会社の方から、「先生、近畿地方の聖地を結ぶ五芒星があります。五芒星を回られるのは、どうですか？」という提案をい

近畿五芒星

ただいたのです。この方は、私が宇宙の大元の神・大宇宙大和神《オオトノチオオカミ》そのものであり、各地でエネルギーを開く御神事を行っていることを知っています。私は、その提案を聞くなり、「あ、それはおもしろいかも」と、とっさに飛びつきました。

近畿地方の五芒星のポイントとなる5つの聖地とは、①岐阜県と滋賀県にまたがる山の守り神である白猪《しろいのしし》神を祀る伊吹山《いぶきやま》、②京都府北部の天照大御神《あまてらすおおみかみ》が短期間だけ鎮座したとされる元伊勢神社《もといせじんじゃ》、③伊邪那岐命《いざなぎのみこと》を祀る淡路島の伊弉諾神宮《いざなぎじんぐう》、④和歌山県の八咫烏《やたがらす》が宿るとされる熊野本宮大社《くまのほんぐうたいしゃ》、⑤宇佐神宮にいる真の天照大御神を移すための伊勢神宮内宮《いせじんぐうないくう》です。

実を言うと、以前から私は、兵庫県の淡路島の伊弉諾神宮や紀伊半島の熊野本宮大社や三重県の伊勢神宮を、巨大なエネルギーが存在する場所として気にかけていました。さらに、自分の生まれ故郷は三重県で、伊勢に近い志摩病院を含め、10年間ほど県内の病院に勤務していた経験もあり、三重県は非常に縁が深い土地なのです。そこで、今こそリトリートを行う時期だなと考えました。

さらに私を後押ししたのは、五芒星の封印を開けば、強大な魔除けのエネルギーが解放されることです。そこには、世界を一変させる効力を持つ、魔除けのエネルギーが隠されていたのです。

平安時代の陰陽師《おんみょうじ》・安倍晴明《あべのせいめい》は、五芒星が描かれたお札を使って魔除けの術を唱えていました。京都市の晴明神社の鳥居には、五芒星のシンボルが掲げられています。このように、近畿地方の五芒星には、強力な魔除けのエネルギーがもともと宿っていたのです。しかしながら、歴史の中で、この魔除けの力は、封印されてしまいました。私は、近畿地方でリトリートツアーを行うという宇宙の采配を受けた時、「魔除けを発動させるんだな」と、直感的に受け止めました。

伊勢神宮で祀られている神は天照大御神ですが、私は令和２（２０２０）年の３月15日に大分県の宇佐神宮に行って、天照大御神のエネルギーで歴代の卑弥呼《ひみこ》を癒《いや》すという御神事を行いました。その時の様子を自著『卑弥呼と天照大御神の復活』（青林堂）の中に記しているのですが、私は卑弥呼のＤＮＡと同時に天照大御神のエネルギーを覚醒させました。歴史書に書かれている天照大御神とは、邇芸速日命《にぎはやひのみこと》の成りすましで、真の天照大御神は宇佐神宮にずっと封印されていたのです。

私の力によって、宇佐神宮の真の天照大御神が覚醒したので、天皇家と天照大御神のエネルギーは、ある程度は繋《つな》がったのですが、本体は宇佐の土地に留まったままでしたので、まだまだ伊勢神宮の邇芸速日命のエネルギーが強い状態でした。邇芸速日命は伊勢神宮内宮に鎮座して天照大御神に成りすましました。人々は内宮に鎮座する神を天照大御神と思い込み、崇敬の念で参拝したことで、邇芸速日命のエネルギーは強大になりました。そのため、今までの天皇家は完全な状態ではなかったのです。

そして、真の天照大御神が覚醒したにもかかわらず、今まで宇佐神宮から伊勢神宮に移られなかったのは、近畿地方の五芒星が封印されていたからでした。

五芒星は、世界を生み出すエネルギー

近畿地方の聖地を結んで創られる五芒星は、古の都である飛鳥京《あすかきょう》、平城京《へいじょうきょう》、平安京《へいあんきょう》を取り入れた形になっています。飛鳥京が誕生したのは、今から約１５００年前ですが、五芒星のエネルギー形態は、それよりさらに昔の約２０００年前に天照大御神によって創られました。

　日本全国に目を向けると、三重県の伊勢神宮と島根県の出雲大社《いずもたいしゃ》、兵庫県の伊弉諾神宮と静岡県の富士山を結んだ線が、平城京があった場所のあたりで正確に交わります。そして、平城京を中心として、北部に平安京、南部に飛鳥京が配置されるという形になっています。これは意図的に配置されたものとしか考えられません。

　もともと日本の中心地は近畿地方でしたが、あのあたりは、五芒星に取り囲まれて魔除けの力によって守られていたのです。

　しかし、平安時代中期以降、日本を弱体化しようとする、「闇の勢力」によって、この魔除けの力は発動しなくなってしまいました。五芒星のエネルギーグリッドが壊れて、魔除けの効果が弱まってしまったのです。

　私が個人的に調べたところによると、五芒星という形は、紀元前３０００年頃、世界最古の文明であるシュメール文明があった今のメソポタミア地域で魔除けとして使われた図形が起源のようです。発掘調査によって、壺などに印が刻まれている様子が確認されています。もっとも、当時は線が重ならないヒトデのような星型が使われていました。古代エジプトの遺跡にも、魔除けとして星型が多く刻まれています。この星型がシルクロードを経由してヨーロッパや中東、アジアに伝わるうちに五芒星に変化しました。

星型が線を重ねる形に変化した理由は、昔から世界中でバツ印や十字が魔除けとして使われていた事実からもわかるように、接点が多ければ多いほど、図形のエネルギーが高まるからです。五芒星には接点が数多くあります。さらに、五芒星は一筆書きなので、開いた部分がありません。ということは、エネルギーが漏れないのです。

ゲーテの戯曲『ファウスト』では、ファウスト博士は、悪魔メフィストフェレスを閉じ込めるために五芒星の結界を創るのですが、悪魔がネズミを操って五芒星の角《かく》をかじらせることで、魔除けの効果をなくしたという話があります。

小説や映画に登場する安倍晴明が、空中に五芒星の印を結ぶ場面が印象深い方もいるでしょう。安倍晴明が使った五芒星は、晴明判紋《せいめいはんもん》や晴明桔梗《せいめいききょう》と名付けられた、通常の五芒星とは上下が逆の、「逆五芒星」です。近畿地方の五芒星も逆五芒星型で、この形は非常に強力な魔除けの力を持ちます。

そして、五芒星の中心部は正五角形なので、永遠に内側に五芒星と正五角形が連続します。五芒星、五角形、五芒星、五角形……。と、外側にも永遠に同時に連続します。五芒星と正五角形は、無限に拡大して宇宙に広がり、無限に縮小してミクロの世界に入ります。

つまり五芒星は、「壊すエネルギー」であり、そして、五角形は、「創るエネルギー」を意味します。創って壊して、創って壊して、が、繰り返されることで世界は広がります。マクロにも広がるし、ミクロにも広がる効果があります。二次元の視点からすれば、五角形より六角形の方が安定しているように見えますが、三次元、四次元、五次元と、多次元の視点で空間を見ることができるようになると、実は奇数の方が、エネルギーが安定しているというのに気がつきます。

なぜなら、物体に宿るエネルギーは、常に変動していて、０と1、白と黒、そのように言い表される2つのエネルギーが物体の周りを常にくるくると動いています。偶数角の図形の場合、2つのエネルギーが二次元でのみ均等に分かれますが、奇数角の図形を高い次元から見てみると、エネルギーが多くの平面で均一であるというのがわかります。

私は、五芒星には破壊と創造のエネルギーが存在すると解明しましたが、「浄化する」というのは破壊系のエネルギーなのです。五芒星に封印・魔除けの効果がある理由は、「魔を浄化する」からなのです。星型だけの力ならばエネルギーが偏ってしまいますが、五芒星は五角形を内包しているのでエネルギーが中和します。

五行思想では、世界は水・金・土・木・火の5つのエレメントで構成されていて、木は火を生み、火は土を生み、土は金を生み、金は水を生み、水は木を生む、と、全てが連動している「相生説」が唱えられています。陰陽五行説では、木は土に勝ち、土は水に勝ち、水は火に勝ち、火は金に勝ち、金は木に勝つ、とされています。五芒星は5つのエレメントの全て、すなわち世界の万物を表すものです。五芒星は、

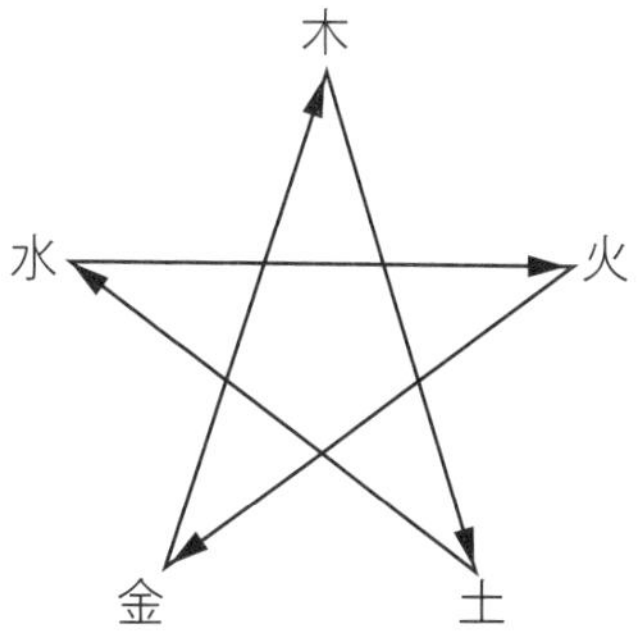

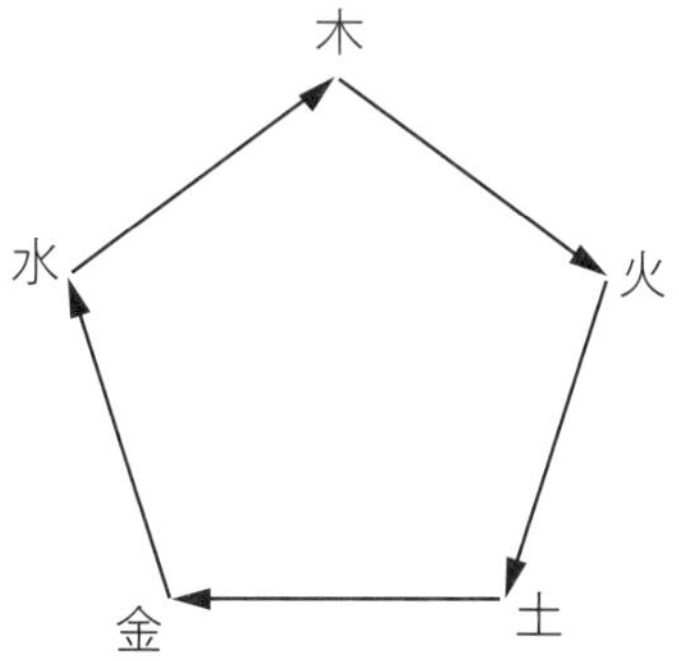

どんな地球のエレメントにも勝てる、つまり、最強の図形なのです。地球のエレメントは5つの要素で構成されていますが、その全てを含んでいて、それを創ることも壊すこともできます。

そして、五芒星の中心となる平城京があった土地は、世界のエネルギーの中心と言っても過言ではありません。古の日本の人々は、天照大御神の指示に基づいて、平城京を世界の中心にするために、この地に都を築いたのです。

そして、近畿地方の五芒星が世界の中心となるエネルギーを発するように、古代から設定されていたとするならば、真の天照大御神が伊勢神宮内宮に入っていないというのは、致命的なマイナスポイントでした。

そのため、今までは、五芒星の魔除けが発動していなかったのです。

必ず出現する台風の意味とは

改めて言いますが、近畿地方が、日本および世界のエネルギーの中心であったにもかかわらず、伊勢神宮に天照大御神が入っていないのは致命的な問題でした。

逆に言うと、今年（令和4年）で完全に発動させるためには、天照大御神を宇佐神宮から出して、伊勢神宮内宮に鎮座させる必要がありました。鎮座のために、伊勢神宮内宮を開くには、近畿地方に5つあるポイントのうちの4つを先に開かないといけない、ということが調べるうちに読み解けてきました。

エネルギー開きリトリートツアーが計画された時、私たちは最初に名古屋駅で集合して観光バスに乗り、まずは岐阜県と滋賀県にまたがる伊吹山に行ってから、近畿地方を左回りのような形で移動して各ポイントを訪れる予定でした。

しかし、旅行会社側は、伊吹山に雪が降り積もって頂上まで登れないので、最初は京都府にある元伊勢神社に向かおう、と提案してきました。私は納得できなかったのですが、事情が事情ゆえに仕方がないと考えて、一旦はＯＫしました。しかし、それでは意味がないと考え直して、やはり当初の予定通りの順序で回ろうと、私は再提案しました。そうしなければ、心が落ち着きません。旅行会社と話し合っているうちに、天候が回復して予定通りに回るという話に落ち着きました。やはり、あらかじめ運命は決められていたのでしょう。

コロナ禍の影響で、私が２年以上海外に行けず、世界各国でのエネルギー開きが叶わなかったのですが、これから外国に行くにあたり、国内の大事な結界を開くことが重要でした。

エネルギー開きが開催されたのは令和４（２０２２）年４月の中旬ですが、この時、台風1号が日本に接近していました。通常、この時期に台風は発生しません。私が大きなエネルギー開きをしようとすると、なぜか、いつも、その直前に、大きな台風が発生して向かってきます。これは、ベトナムのハロン湾やオーストラリアのエアーズロックに行った時も同様でした。国内外問わず、私がエネルギー開きを行おうとするたびに、聖域の近くを台風が通過しようと、私たちの元に向かってきます。最初のうちは嫌だなと思っていたのですが、ほぼ100パーセントの確率なので、最近では台風が来てもまったく驚かなくなりました。そして、その台風は絶対に私たちの元にたどり着けないのです。まるで、私たちを避けるかのように台風は進みます。

この意味は、ガイアのエネルギーが私たちの進路を浄化しようとしているというのもありますが、私がエネルギー開きをすることで自分たちの都合が悪くなる闇の勢力のエネルギーが高まって、それが台風と化して妨害しようとするからです。ところが、私が開こうとしているエネルギーがあまりに強いので、台風は私たちの元にはたどり着けないのです。

台風が発生するというのは、裏を返せば、私がエネルギー開きを行えば、大きく世界が変わるという意味でもあります。私は、外国でエネルギー開きを行う前に、まずは国内の全ての聖域を開けという使命を、天照大御神から課せられた、と感じていました。

目に見えるものよりも目に見えないものの方が大切

多くの日本人にとって、最も知名度が高く最も影響力がある神は、天照大御神です。本来、一番エネルギーの高い神とは、至高神である大宇宙大和神やアソビノオオカミなのですが、大半の日本人はその存在を知りません。ですから、今の段階では、今後、日本人が素晴らしい力を発揮して世界に良い影響を与えるためには、天照大御神の力を上げて機能させることが重要になります。私が令和２（２０２０）年に、宇佐神宮で真の天照大御神を開いた結果、今の日本人はようやく開かれつつあるのです。

この本の読者の皆さんは、スピリチュアルに興味がある人たちだと思いますので、そうではないでしょうが、大半の人は、目に見えるものしか信じませんし、信用しません。多くの人は、見聞きした情報通り、今まで、伊勢神宮に真の天照大御神が鎮座していると思い込んでいました。私がこの本を手がけた理由は、できる限り多くの人に、真の天照大御神の事実を、知ってもらいたかったからです。

私がいつも唱えているように、唯物論の考え方で、目に見えるものこそが事実で、見えないものは実在しない、確かめられないものは実在しない、という考えが人々の間に根づいているのです。

なぜ、そのような考えが根づいているかというと、やはり、家族や学校、社会で教わった内容が、結局、エビデンス（証拠）主義だからです。何事にも証拠が必要だ、データが必要だという主義です。

私は、30年ほど前から、年1回開催の日本整形外科学会主催の学術学会に参加して、専門医の単位を取得しているのですが、その理由は、日本人が肩書きに弱いからです。

日本整形外科学会は、日本では内科学会の次に規模が大きい医学総会で、会場となる都市には全国から整形外科医が1万人、コロナ禍の現在でも５０００人規模で集まるので、観光客がホテルの部屋を確保できなくなるほどです。学会には20箇所ほどの会場が設けられて、整形外科医は自分が興味を持つ講義が行われている会場におもむきます。

現在、私が開業している鎌倉の診療所では、手術も投薬も行っていませんので、別に整形外科専門医である必要はないのですが、日本人は学歴や職業で個人を判断する傾向があるので、安心付けのために専門医の資格を持ち続けています。

いつも私が人々に説いているような「目に見えない世界」というものは、医学業界のどこにもありません。それこそ、重箱の隅を突《つつ》いてもです（笑）。

現在の医学で証明されている、心が体に与える影響とは、ストレスが溜まるという状態になる、精神的なストレスが腰痛を引き起こす、病気を悪化させるなど、いまだにその程度のものです。残りの全ては、手術の所見、画像所見、血液検査の値などといったエビデンスばかりなのです。

学会で権威とされる医師の方々は、明らかに目に見えるもの以外は信じないと思います。例えば、私が学会の壇上に上がって、このような内容を語れば、30秒で会場から人がいなくなるか、その前に私自身が追い出されるかの、どちらかでしょう(笑)。目に見えないものを受け入れられる層と、そうではない層は、それほどまでに二分化されています。特に今の日本は、受け入れられない人の割合が圧倒的に多いのです。

本来の日本は、「神々の国」です。江戸時代や明治時代は、人々がレイキや超能力といった目に見えないものを大切にしてきたにもかかわらず、第二次世界大戦後にアメリカの影響が強まった結果、そういったものは全て排除されました。日本人は洗脳されて、目に見えないものを信じられなくなってしまったのです。政治でも、経済でも、何でも、アメリカに頼らないと生きていけない。「奴隷度」が極端に高いのが現在の日本人です。

奴隷度が高いというのは、要するに、欧米の文化や技術が一番良いという考えを持つ状態です。欧米の文化や技術とは、目に見えるものです。

データ処理などエビデンスに関する能力では、どうあがいても、人間はＡＩに勝てません。人間がＡＩより優れている点とは、目に見えないものを感じて、目に見えないものを活用する能力です。

そのような能力を発揮しなければ、今後の人間はＡＩの奴隷になってしまいます。

だからこそ、私は、目に見えないものこそ大事であると唱え続けているのです。

古の都は意図的に配置された

静岡県・山梨県の富士山、岐阜県・滋賀県の伊吹山、京都府の元伊勢神社、島根県の出雲大社は、緯度35度付近の位置にほぼ直線状に並んでいます。さらに言えば、富士山と淡路島の伊弉諾神宮間の距離は約３５０キロメートルなのですが、出雲大社と伊勢神宮内宮間の距離も約３５０キロメートルです。そして、その交差地点が、かつて平城京があった場所です。

これは単なる偶然ではありません。日本の歴史を振り返ってみると、平城京があった場所を中心に国全体が動いたという事実があります。平城京を守るために、各地に神社が建てられたと考えるのが、一番しっくりくるのではないでしょうか。そして、平城京があった場所が魔除けの力で守られ続けていたら、今の日本は、もう少し違っていたのではないかと思います。

伊勢神宮にまつわる歴史書では、「第11代垂仁天皇《すいにんてんのう》の時代の皇女・倭姫命《やまとひめのみこと》が天照大御神を連れ出した」と書かれています。

伊勢に着いた時に、「ここが良い」と、倭姫命にメッセージが送られたのです。しかし、実際はこの時期も、天照大御神の大元は、宇佐にあり、伊勢神宮を見守っていました。倭姫命が天照大御神と思って運んでいたエネルギーの正体とは、邇芸速日命だったのです。ただ、邇芸速日命も神ですので、伊勢に到着した瞬間に、弱いながらも、五芒星による魔除けの効果が生まれました。天照大御神は宇佐にありながら、邇芸速日命が伊勢にある状態で、五芒星は発動していました。

この状態は、不完全な発動でした。

邇芸速日命が伊勢に降り立ったのは紀元200年前後ですが、それから300年ほど経過した500年頃に、危機感を覚えた天照大御神が倭建命《やまとたけるのみこと》に命じて邇芸速日命のエネルギーを弱体化させたと考えられます。日本神話では、倭建命は倭姫命に手渡された草薙《くさなぎ》の剣を持って東征に向かったと記されていますが、この際に邇芸速日命は伊勢にいながら力を弱められたのでしょう。そして、天照大御神の力によって、五芒星による強力な結界が作られて、それから200年ほどが経過した710年に平城京が完成しました。

近畿地方に五芒星を設置したのは、宇宙の采配なのか、それとも超常的な力を持つ人間だったのか、今の時点では私にはわかりません。ただ、紀元300年頃に倭姫命が連れてきた邇芸速日命が伊勢神宮に鎮座して、それから200年後に天照大御神が宇佐神宮から見守りながら結界を完全に発動させ、魔除けの力が生まれました。

ただ、平城京が建設されたのは天照大御神の意図、五芒星の力で強力な魔除けの力が働く近畿地方の中心部に、これからの日本の中心となる都を建てろという意図があったと考えて良いと思います。そうして生まれたのが平城京です。

そして、さらに200年以上が経過すると、五芒星の第3ポイントの伊弉諾神宮と第4ポイントの熊野本宮大社の間の結界が途切れました。そのため、ここに存在する伊邪那岐命と伊邪那美命のエネルギーが乱れたのです。その直後から、朝廷の権力は急速に低下して、近畿地方は日本の中心地ではなくなりました。

この時期、935年前後に関東で平将門《たいらのまさかど》が、瀬戸内海沖で藤原純友《ふじわらのすみとも》が反乱を起こして朝廷に立ち向かいました。私は、2つの反乱と、五芒星の封印が途切れたことに大きな関係があると考えて自分なりに調べてみました。

もともと平将門は京都生まれの人物でしたが、八咫烏に先導されて熊野本宮大社を攻撃したようです。そして、将門は、関東で反乱を起こした後に近畿地方まで攻め込んだのです。当時の京都には安倍晴明を開祖とする安倍一族が生き残っていて、平将門が破壊した結界を修復しようとしましたが、完全には成功しませんでした。

このあたりの話は、後の章で詳しく説明します。

人類はオリオン星文明のエネルギーによって誕生した

地球の歴史を遡《さかのぼ》って人間のＤＮＡを超古代時代まで読み進めてみると、オリオン星文明のポジティブとネガティブが人類の大元の祖先であるとわかります。オリオン星のネガティブからアダムのエネルギーが来て、ポジティブからイブのエネルギーが来たのです。私がエネルギーを読んだところ、オリオン星のエネルギーの形

は五芒星型です。（『ＮＥＯ人類創世記』（ヒカルランド））

宇宙は、地球人類に愛と調和を学ばせるために、わざわざ思い通りにいかない地球を創ったのです。地球に飛来しているオリオン星由来の人間は、愛と調和を学んで母星に帰ろうという意図を持っています。

オリオン星文明のポジティブとネガティブは、人類の創生の一番のキーポイントで、人類の大元のエネルギーですから、ここが目醒めると、瀰芸速日命を支持する勢力にとってはかなりの不都合になってしまいます。

なぜなら、アトランティス文明系のエネルギーである瀰芸速日命は、人類が争ったり何かにコントロールされている状態を認めているからです。その理由は、争いやコントロールで人類を支配することを良しとするからです。それに対して、レムリア文明系のエネルギーである天照大御神は、人類の統率・統制には反対で、個々の独立や融合を目指しています。

これは、自著『卑弥呼と天照大御神の復活』に記した内容でもありますが、神武天皇の時代以前から、代々の卑弥呼が出現して、天照大御神と繋がることで、神の言葉を降ろしていたのですが、神武天皇を即位させた大和朝廷が、天照大御神を自分たちのものにするために卑弥呼を配下に取り入れようとしました。

しかし、卑弥呼は直感が冴えていたため、彼らの元には行かず、決して応じませんでした。そこで大和朝廷は、邇芸速日命を天照大御神として仕立て上げて祀り、それが現在に至ります。

紀元５００年から９００年頃にかけては、天照大御神が築いた五芒星の結界があったので、邇芸速日命の力は発揮されませんでした。しかし、平将門の乱によって五芒星の結界が途切れて、日本は邇芸速日命に支配されたというのが真実です。

そして、今までの日本は、アトランティス文明系の勢力に支配され続けてきました。私が近畿地方の五芒星を元に戻して起動させると、日本には再び魔除けの力が発動します。魔除けとは、愛と調和にとって不必要なエネルギーを排除するという意味です。

魔除けの力が発動すれば、今までのように力が強い者が弱い者を抑圧する時代は終わります。これからは、争いではなく意識エネルギーで物事を解決していく世界になってゆくと思います。私が行うエネルギー開きは、それほど大きな物事と言えます。

現在のウクライナ問題は、ロシアによる一方的な侵略と報道されていますが、2ヶ国の間には明確な善悪は存在せず、今までの世界がアトランティス、邇芸速日命系のエネルギーで社会が動いてきた結果によるものです。「自分、自分」というエゴで他人を抑えつけて、自分を活かすというのが、アトランティス、邇芸速日命のエネルギーです。そこには必ず上下が生じます。それが現在のロシアとウクライナの姿です。

神は望みを叶えてくれない、叶えるのは自分自身

日本神話によると、倭建命は伊吹山で山神の白猪神と出会って、戦って敗れたと伝えられています。今回のツアーで1番目のポイントを伊吹山としたのは、やはり、五芒星開きにおいて、魔除けの結界を作るには倭建命と白猪神の復活が欠かせないと考えたからです。日本神話によると、倭建命は現在の三重県亀山市のあたりで死去したとされています。魔除けが破れたのは、倭建命の死去も要因となっています。

五芒星の封印の解除を思いついた後で気づいたのですが、表鬼門と裏鬼門はここから生まれているのではないでしょうか。なぜなら、魔除けの効果が一番途切れている地は、五芒星の表鬼門である、このあたりだったからです。五芒星の東北にある、この地は、もともとエネルギーが途切れやすかったのではないでしょうか。

2番目に訪れた元伊勢神社がなぜ大事な場所なのかというと、真の天照大御神が祀られていた時期があるからです。そのため、元伊勢神社には天照大御神のエネル

ギーが今でも残っています。今回、天照大御神を伊勢神宮に戻すにあたって、ここでごあいさつをしました。

3番目に訪れた淡路島は、伊邪那岐命と伊邪那美命が国造りを行った時に最初に造った場所とされています。その淡路島に建つ伊弉諾神宮というのは、やはり天照大御神の父神を祀る場所ですから、ここはしっかり開く必要がありました。

4番目に訪れた熊野本宮大社の主祭神《しゅさいじん》は、家都美御子大神《けつみみこのおおかみ》とされていますが、実際は伊邪那美命のエネルギーが強く乗っていると以前から私は読んでおり、それと八咫烏が祀られている場所でもあります。傷ついた八咫烏を癒すという意味合いからも、ここは大事な場所でした。そして、4つの聖域を開いた後に伊勢神宮に真の天照大御神を降ろすという流れだったのです。

今回のエネルギー開きのように、目に見えないものを敬《うやま》って大切にする理由は、今後、皆さんの人生を動かしている、皆さんが体験している物事というのは、結局、自分の意識が創り出したものでしかないという真実を知る時代になるからです。あらかじめ準備が必要なのです。

その際に、本当に目に見えない存在を大切にすることで、意識の力というものを感じるようになります。意識の力というものは目に見えないものなのです。

かつての日本人は、目に見えない、高次元の存在を八百万《やおよろず》の神としたように、あらゆるものに敬意を払い、目に見えないものを、ずっと大切にしてきた民族です。目に見えない何かに見守られているという意味の、「お天道様が見ている」という言葉もあります。結局、私たち日本人は、目に見えない何かの力に動かされ続けていたのです。

しかし、私が心配しているのは、お正月になると初詣に行く、七五三になると神社に行く、人が亡くなったら仏式で葬儀を行うなど、現代の日本人は、本来は見えないものを敬うための儀式を、あまりに表層的に捉えていることです。

人間が神と呼ぶ存在とは、集合意識によって創り出されているエネルギー体ですから、人間１人１人のエネルギーよりも神のエネルギーが高いのは、それだけ多くの生命の意識が入っているからであって、人間が神の影響を受けるのは当然です。

「いっぱい」というあいまいな表現があるように、集合意識とは、要するに世界で何千万人、何億人、日本に限定すれば何十万人、何百万人といった不特定多数の考えです。そして、「世論」や「人気」と呼ばれる、いわゆるメディアが唱える集合意識に操られているのが、今の地球人。特に日本人はその傾向が強いのです。

地球人の集合意識とは、そのように次元が低いものです。高い次元の集合意識とは、すなわち神ですので、人間が神に操られているというのは良い状態なのですが、現代の日本人は次元の低い集合意識に操られているので、幸せになれる方向に進めないのです。だから、私は人々に対して、高い次元のエネルギーの影響を受けなさい、神のサポートを受けなさい、と、日頃から人々に伝えています。

ただ、高い次元の集合意識である、魔除けのエネルギーだとか、古代から存在する神々のエネルギー、意思や想いの力などを、「エビデンスで証明しろ」と言われたら、「できません」としか答えられません。今の科学技術では、コンピューターで計算できるものなら形になりますが、高次元の意識を形にするのは不可能なのです。しかし、そういったものを、自分のものにするというか、味方につけるのは、これからの時代を生きる上ですごく大事な要素になります。

そのためには、目に見えないものを信じる人間と付き合うことです。それを信じないどころか、粗末にするような人間とは、距離を置くのです。

現代の人々は、普段は神の存在を意識していないにもかかわらず、困った時だけ、「お願いします、お願いします」と、神頼みをします。本当に神に敬意を払っているのであれば、自分のためのお願いなどせず、「神様、いつもお疲れですね。いつもありがとうございます」と、感謝の気持ちだけを述べるべきです。

神もエネルギー体ですので、意識を持ちます。人間が頼み事をしても、神は心地良く思わないこともあり、応援したくない時もあります。ですから、困った時だけ神頼みというのは、あまりにも都合が良すぎるのです。「今だけ、ここだけ、自分だけ」、というのが、今の日本人の考えです。私は皆さんに、「お天道様はいつも見ている」という意識を持ってもらいたいと思います。今の日本で行われているように、正月に神社に行ったり、お盆にお墓に集まったり、春分の日や秋分の日にお墓参りに行ったりというのは、単なる習慣に過ぎません。

なぜ、そのような習慣を行っているのかと人に質問すると、たいてい、「毎年やっているから、やらないと気持ち悪いから」という答えが返ってきます。なにか不幸があったら、参拝やお墓参りをやらなかったせいだ、そう考えるのが大半の日本人です。

キリスト教徒にしても、イスラム教徒にしても、彼らは、日頃から神を信じて祈りや儀式を行っているわけですが、日本人の場合、普段は神や仏などまったく信じてないのに、都合が良い時だけ、神様、仏様を引っ張り出してきます。このような状態は、エネルギー的に見て良いものではありません。「五芒星のエネルギーを天照大御神が設定した」といった話をするだけで、たいていの人は引いてしまいます。もともとはそういったものを身近に感じる精神性の高い民族だったのですが……。

例えば、神棚を祀るにしても、神を敬えば良いのですが、たいていの人は、「健康でありますように」「誰々が幸せでありますように」などと、自分視点のお願いばかりを訴えます。では、神様の都合はどうなのかと。神も存在ですから、意識を持っていますから。

神とは、願いを叶える存在ではなく、人間が気づき、学びを体験する様子を温かく見守る存在です。人間を治してあげる、助けてあげるのではなくて、もがきながら気づいて学ぶ姿を見守ってあげる。時おりサポートはしますが、問題を解決するのは神ではないのです。

今回の五芒星の話で言えば、人間の人生には魔除けの力が必要であって、さまざまなサポートがあるのですが、それを選《え》り好みして、これが正しい、あれがまちがっている、そして、潰してやろうというのが、アトランティス、瀰芸速日命系のエネルギーです。現代は、そのような考えの人が多いので、五芒星エネルギーが壊れてしまっていたのです。みんなが自分を守れなくなっていました。

要するに、天照大御神が人々に教えたがっている「愛と調和」とは、神にすがるということでも、神にお願いするということでもなく、人間が、オリオン星文明のエネルギーで地球に来た時の感情を思い出すということです。

その意味は、わざわざ問題を作って、もがいて、そこから人間が進化と成長を繰り返してゆくというプロセスを体験すること。立ちふさがる問題を、他人のせいにせずに、自分にとって必然の体験として受け入れて、穏やかにそれを受け入れる。そのためには、他者に染められて、言いなりにはならずに、自分の想いを大切に、自分に愛を注いで、そして他者も受け入れることです。そのような意思こそが、天照大御神が唱える愛と調和なのです。

なぜ、オリオン星文明が地球に入って来たかというと、もともと、超古代から争いばかりしているネガティブなオリオン文明と、争いを行わず争いをなくそうとするポジティブなオリオン文明が存在して、地球において、お互いに役割を持って共存していたからです。

ポジティブは創造、ネガティブは破壊の力を持っていました。人々は争いを繰り返して、ポジティブに至る課程を学んできたのですが、問題は、人間が学ぶペースが遅すぎたのです。人類が地球で生活するようになって長い年月が経過したにもかかわらず、いまだに戦争や利権争いが世界中で繰り返されています。

アトランティス文明系の力によって奴隷意識を植えつけられた日本人

私が、『至高神　大宇宙大和神の導き』（青林堂）の中で書いたように、しっかり五芒星の魔除けのエネルギーが発動していれば、個は独立します。天照大御神などレムリア文明系のエネルギーは、「個の独立と融合」を、繰り返し唱えていますが、これは五芒星、魔除けの力が、人間の中で創られていないと叶わないのです。

しかし、現代の人々は、低い次元の集合意識である周りの影響を受けやすい。なぜなら、周りと同じでないと責め立てられるからです。現代人は自分を守るだけで必死なので、とにかく周りに合わせようとします。しかし、五芒星エネルギーが自分の中にあれば、誰も襲ってこない、襲うのは不可能ですから、周りの影響を受けずに、自分の好きなように生きることができます。

今回のエネルギー開きは、日本の近畿地方の五芒星を開いたというだけではなく、この本を読む人たちの封印も解いて、自分の中の五芒星を開いて、読者の皆さんの魔除けの力を発動させるという大切な意味合いもあります。

例を挙げると、コロナウィルス禍の今（令和4年）は、多くの人々がマスクをするのは嫌だな、バカらしいなと思いつつ、マスクを着用し続けています。なぜなら、マスクを着けていないと周りから責め立てられるからです。これがまちがった意味での集合意識の状態です。個の独立ができない、五芒星が封印されているから、人は、コロナウィルスに不安と恐怖を持つ結果、感染するのです。仮に多くの人が、コロナウィルスを恐れずに、ウィルスに愛と感謝の気持ちを抱くことができれば、コロナ禍はたちまち終息するでしょう。

今は、日本医師会や各教育機関が屋外でのマスク不用を呼びかけているにもかかわらず、ほとんどの人が外そうとしません。街中でマスク着用者と非着用者の割合が半々ほどならまだしも、これだけ着用率が高いというのは異常な状態です。

私は、現状に違和感を覚えているならば、マスクを着用しなければ良いと思うのですが、大半の人々には、「周りの目が、周りの目が」という気持ちがあるゆえ、マスクを外せないのでしょう。これは恐ろしい状態と言えます。私が五芒星を開くのは、魔除けの力と同時に、人間性を回復するという意味合いもあります。

令和4年5月に、岸田文雄首相がバチカン市国でローマ教皇・フランシスコと会談しましたが、あいさつする時は互いにマスクをせず素手で握手をしていました。これは、首相自身がマスクに感染予防の効果がないという事実を知っている証拠でしょう。

本来ならば、岸田首相が自らマスクを外して良いと宣言するべきですが、彼自身が低い次元の集合意識を意識している、周りに流されているので言い出せないのです。以前、故・安倍晋三元首相がコロナウィルスによる感染症を5類に指定するように提案しましたが、それも行いませんでした。これは、コロナ感染症によって大きな利益を得ている医師会や官庁との対立を避けているという事実があるのではないでしょうか。

日本人が自己を持たなくなった理由は、五芒星が壊されて、アトランティス文明の時代になったからだと思います。そして、第二次世界大戦後にアメリカに占領された結果、さらに人々の自己が薄れてゆきました。私は、街でマスクを着用している人々を見るたびに、完全に洗脳されているな、と感じます。

「愛と調和」とは反対のエネルギーである、いわゆる、「個の喪失と統合」と呼ばれるエネルギーは、もともとはネガティブなオリオン文明から来ているものです。そのようなエネルギーは、一見人間にとって不必要なものに思えますが、戦争や権利争いから学ぶこともあります。

以前より、私は、ものすごいペースで、日本、海外各地でエネルギー開きを行ってきましたが、私は、世の中に存在する意識を全て把握していて、高い次元の存在も認識しています。

ネガティブのエネルギーは、私のエネルギー開きによって、だいぶ穏やかになってはいるものの、人間を争わせたい、競わせたい、という性質がいまだに強いのです。そして、ポジティブなオリオン文明がシリウス星文明、レムリア文明と一本のラインのように繋がっているのと同様、ネガティブはプレアデス星文明、アトランティス文明と繋がっています。

つい最近まで、地球ではオリオンネガティブ―プレアデス―アトランティス系の勢力が、オリオンポジティブ―シリウス―レムリア系を上回っていました。アトランティス系が地球を牛耳っていたので、人間は、不安と恐怖で操られてきました。それを、私が、エネルギー開きを行ったために、ネガティブ系は、自分たちの居場所を、ポジティブ系に奪われようとしています。ネガティブ系にとって、そのような状況は心地良くないので、彼らは妨害しようとします。地球の自然環境や気候も操りますし、人間の意識も操ろうとします。新型コロナウィルスも、人間の集団意識を操るためのツールとして使われています。あらゆる妨害手段を使います。

人間が、そのような妨害から身を守るには、ポジティブ系に学べば良いのですが、そのタイミングが遅すぎたのです。宇宙が設定したシナリオとは、人類はネガティブ系の妨害手段を体験して乗り越えた結果、ポジティブに転換するというものでしたが、そのスピードが予想以上に遅いのです。どうしようもなくなっているので、エネルギー開きを行ってエネルギーをどんどん開いていかないと、人々の意識は変えられないという状態です。

案の定、邇芸速日命、アトランティス文明系のエネルギーでうまくコントロールされた結果、人々はまちがった情報をまちがっていると思えなくなってしまいました。私が見たテレビニュースのインタビューでは、中高生に対して、「なんでマスクを外さないのですか？　テレビでもうしなくて良い、って言っているのに」と質問すると、「いや〜、やっぱり怖いんで」「家にお年寄りがいるので」などと、誰かの受け売りのような返答をしていました。彼らには個がまったくありません。

また、コロナワクチンを製造するアメリカの某大手製薬企業が作成した日本にワクチンを販売する際の契約書の中に、「副作用には触れてはいけない」という項目があるそうです。そのような得体の知れない恐ろしい薬品を、多くの日本人が接種させられています。

日本人は、「世界のひな型」という大事なもの、世界で一番素晴らしい力を持っている民族ですが、五芒星が破壊された影響で、あまりにも奴隷意識が高まりすぎたために、今はまったく良いものを生み出せていません。逆に悪い面ばかりが目立ってしまっているのが気がかりです。日本は、すでに世界のリーダーとなる時期に差し掛かっているのですが、現実はアメリカの言いなりです。

だからこそ、魔除けエネルギーである五芒星を開くことは、非常に重要なのです。

第2章

世界を変えた五芒星 エネルギー開き

封印されていた近畿の五芒星

７１０年に完成した平城京と７９４年に完成した平安京は、学校の歴史教科書にも記述されているなど非常に知名度が高い古の都ですが、それ以前に完成した飛鳥京は、ほとんど語られる機会がありません。実を言うと、飛鳥京が存在した頃は、最も日本人が霊力を発揮していた時代でした。

飛鳥京跡を調査すると、かつて築かれた石造りの建物が十何層にも重なって発掘されるそうです。これは、当時飛鳥京に暮らしていた人々が何度も建築と取り壊しを行った事実を意味しています。

飛鳥京の宮廷には、噴水や水時計など、水にまつわる施設が数多く存在したというのは、特筆するべきです。おそらく、飛鳥京の周辺には豊かな水源があって、巨大な石を削って建物を造り、そこに水路を数多く設置したのでしょう。

今後、五芒星の封印が解けてくると、さらに興味深い遺跡が発掘されて新しい歴史的事実が判明するかもしれません。ですから、飛鳥京を守っていた五芒星から読み解くことが大切なのです。

さらに、私がエネルギーと交流した結果、平将門を導いて五芒星を封印した八咫鳥は、藤原純友のエネルギーそのものということが判明しました。

五芒星が封印された原因は２つあります。１つは西南の方向の裏鬼門が働かなくなってしまった。裏鬼門が封印されてしまったため、鬼門が活性化したのです。鬼門が活性化してしまった理由は、藤原純友が瀬戸内海で反乱を起こした際に、八咫鳥のエネルギーが藤原純友と同一化して自分自身で裏鬼門に封印をかけたようです。それで鬼門が活性化しました。

もう１つの原因は、東北の方向の表鬼門が、紀元４００年代に倭建命が伊吹山の神である白猪神を傷つけた結果、魔除けの力が弱まってしまい、近畿地方に攻め入った平将門が白猪神のエネルギーと同一化して、五芒星に封印をかけたことで、活性化したのです。

実は、この時期の近畿地方は、朝廷のエネルギーが乱れて、一度、五芒星を崩す必要があったのです。

私は、エネルギー開きが終了した後に、藤原純友と同一化した八咫烏、平将門と同一化した白猪神、そして真の天照大御神のエネルギーを降ろして、彼らの想いを確認しました。私が五芒星を開いたことで、彼らがどのような影響を受けたか読んでみました。この時の詳細は、後の章に記してあります。

この章では、ドクタードルフィンである私、松久正が1週間かけて五芒星の各頂点となる聖域の封印を解いた、つまりエネルギーを開いた時のお話を記します。その目的は、**1つは日本から世界に対する魔除けの力を発動させる、もう1つは真の天照大御神を宇佐神宮から移転させて伊勢神宮に本鎮座させることです。**

五芒星を完成させて弥勒エネルギーの封印を解けば、ネガティブ勢力は弱小化します。魔除けの力が効いていなければ、ネガティブ勢力がどんどん日本に入り込んでしまいます。日本が堕《お》ちれば、世界も堕ちます。今まで日本は、闇の勢力によって、完全に堕ちるための攻撃を受け続けていました。

前章でもお伝えしたように、五芒星という形は、人類創生の祖先であるオリオン星文明のエネルギー形態です。私が五芒星を開くと、オリオンのエネルギーと同時にネオステラ（新しい宇宙）のエネルギーが、さらに新しく書き換わります。人類の大元であるオリオンのエネルギーが全て覚醒すると、地球にいる人類も覚醒しやすくなるのです。

今回のエネルギー開きは、名古屋駅から観光バスで出発して、まずは伊吹山、２番目に元伊勢神社、３番目に伊弉諾神宮、４番目に熊野本宮大社を回って、最後に伊勢神宮で御神事を行うという流れでした。

伊吹山でエネルギー開きを行ったことで判明した真実

令和４（２０２２）年４月15日に、名古屋駅に集合した私を含むエネルギー開き

伊吹山の五芒星第１ポイントのエネルギー開き

リトリートツアーのメンバー一行は、バスに乗って伊吹山に向かいました。当日は天候が悪く、伊吹山の麓《ふもと》に入ると霧があまりにも濃くて、周りの景色がはっきりと見えなくなってしまいました。まるで霧の世界に入ったようで、すごく幻想的でした。

当日は、山の上の方はまだ雪が残っていてバスで登るのは危険という理由から、中腹地点までしか行けませんでした。本当は頂上まで行ってエネルギー開きをしたかったのですが、頂上の方を向いてエネルギー開きを行えば良いと自分の頭の中を整理して、中腹のポイントまで向かいました。

中腹のポイントには、松尾芭蕉の句が刻まれた石碑がありました。本来ならば、ここから山頂が見えるはずだったのですが、色濃く霧がかかっていたので、見渡すのは不可能でした。そのため、ガイドの方からあちらに山頂があると言われた方を向いて、私は倭建命と白猪神に対する祈りを行いました。

伊吹山の魔除けの力が封印された1つの理由は、倭建命が伊吹山の守り神である白猪神を傷つけてしまい、神の怒りに触れたことです。戦いによって身体的にも精神的にも傷ついた倭建命は、その後、能褒野《のぼの》、今の三重県の鈴鹿市近辺にたどり着き、その地で命尽きたわけです。

御神事によって鎮まった伊吹山の白猪神の怒り

倭建命の傷ついた身体と精神を癒して覚醒させる。それと同時に倭建命と同一化して五芒星を封印した張本人である白猪神を覚醒させて次元上昇させる。五芒星を復活させるために必要な要素です。だからこそ、白猪神の住処《すみか》である伊吹山に来たというわけです。

当日は、4月にしては非常に気温が低いように感じました。霧がかかって、まったく日光も射していなかったので、肌寒い感じでした。暑がりの私は、普段は春先でも半袖の服を着ているのですが、当日は長袖を着込むほど冷えていました。これは、白猪神が放つ怒りと悲しみの冷たいエネルギーです。倭建命に傷つけられた伊吹山の白猪神の無念の気持ちは、いまだに晴れていませんでした。

私がエネルギー開きをすると、途端に周囲の気温が上がって、ツアーの参加者全員が、「暖かい、暖かい」と言い出しました。これは、怒りと悲しみの冷たいエネルギーが癒しと喜びの暖かいエネルギーに変化したからです。

私はその状態を受けて、これで白猪神の怒りは解けて、倭建命は救われた、と感じました。次元上昇、覚醒のはじまりを確信しました。私の隣に立つ石碑の1行目には、「そのままよ」と書いてありました。２行目は、「月もたのまじ」で、３行目は、「伊吹山」。数百年前、芭蕉は私たちが訪れた地に座って、月を見ながら句を詠んだそうです。おそらく倭建命も、同じように椅子に座りながら月を見ていたのだろうと思いました。

五芒星第１ポイント・伊吹山の石碑と私ドクタードルフィン

ツアー一同が伊吹山の頂上までたどり着けずに中腹に留まったのは、このあたりは倭建命が一番好んでいた、愛していた場所であるからだと私は推測しました。私たちは倭建命に引き止められたのでしょう。ここ第1ポイントにて、倭建命と白猪神のエネルギー開きは成功しました。本項に使用されている写真を見れば、目的を達成した私の姿から、すがすがしい気持ちが読者にも伝わるのではないでしょうか。

そして、エネルギーを開いた後に、ふと、空に浮かぶ太陽を見てみると、太陽の周りが緑がかっていました。これは、倭建命のエネルギーが喜んでいるために起きた現象だとわかりました。倭建命と同時に白猪神も癒しました。白猪神は、五芒星を封印した倭建命を癒すためには絶対に必要なエネルギーとして、癒したというわけです。

元伊勢神社で行われた過去の天照大御神に対するごあいさつ

第2ポイントの元伊勢神社に行く前に、京都府宮津市にある天橋立《あまのはしだて》に寄りました。私は、天橋立に行くのは生まれて初めてだったのですが、ここに立ち寄った理由は、15代まで続いたムー王朝の第８代王朝が、この地に存在していたからです。

実際に訪れてみると、ムー王朝の封印がかかっていたので、こちらを開いて次元上昇させました。これは五芒星のエネルギーとは別ものではありますが、ムー王朝を開いておけば、ムーのエネルギーが私たちの五芒星開きを後押ししてくれると考えたからです。

ツアーがはじまった際、私は参加者全員に、あらかじめ発注しておいた五芒星印入りの水晶をプレゼントしました。五芒星にはゴールドの印字が刻まれています。

プレゼントした理由は、ツアーの参加者の方々に、五芒星開きをした時に受け取る５つのポイントのエネルギーを五芒星水晶の五芒星に封入しておいて、最後に天照大御神を本鎮座させる際に、全員でそのエネルギーでサポートするためです。

ムー王朝のエネルギーを開いた後、私たちは元伊勢神社に向かいました。この元伊勢神社がある地域は京都府北部なのですが、天橋立と同じく、こちらを訪れるのも生まれて初めてでした。

参加特典プレゼント
五芒星印入り水晶

元伊勢神社が建つ場所は、京都府北部の丹後地方です。「元伊勢」という地名は、最初どういう意味なのかわかりませんでしたが、伊勢神宮は天照大御神が鎮座している（実際は本物ではありませんでしたが）場所で、その天照大御神が、「伊勢神宮に向かう前に4年間鎮座した場所」であったのです。「元伊勢」と名の付く神社は、丹後に全部で4箇所あるのですが、私たちが訪れたのは、元伊勢の内宮神宮、外宮神宮、籠神社《このじんじゃ》の3箇所でした。

実は、もう1箇所存在するのですが、そこには行けませんでした。

私は、内宮神宮のご神木と磐座《いわくら》の前でエネルギー開きのセレモニーを行いました。

五芒星第２ポイント・元伊勢神社にて①

五芒星第２ポイント・元伊勢神社にて②

神社の境内には立派なご神木があって、その前で参加者と共に祈りました。今、この地に天照大御神がおられるわけではないのですが、かつて4年間暮らした場所でありますので、私のパラレル過去の天照大御神を癒して開いたわけです。そうして、これから天照大御神を伊勢神宮に本鎮座させるというごあいさつをしました。過去の天照大御神を癒して覚醒、次元上昇させたのです。

前述のように、私は元伊勢には初めて訪れたのですが、なぜか、おばあちゃんが待っている自分の故郷に帰ったような気分、懐かしいというか、何かホッとするような感覚になりました。

大宇宙大和神とアソビノオオカミは、私と共鳴しているパラレル的高次元存在であり、私自身のエネルギーなのですが、天照大御神も私とゆかりがあります。だから、そのような感覚を覚えたのだと思います。

余談になりますが、元伊勢神社でエネルギー開きを行った後、私たちは淡路島のサービスエリアに寄りました。ここの名物に、地元で採れた玉ねぎのフライを使った「玉ねぎバーガー」というものがありまして、行列に並んで買ってみました。正直、味の方はさほど期待していなかったのですが、実際に食べてみると、玉ねぎがとても甘くて、すごく美味しかったです。

その後は、明石海峡大橋に行って、鳴門の渦潮を見学しました。海が渦巻く様子を見て、私は、魂の本質を思い浮かべました。

人間本来の生命のエネルギー、魂のエネルギーというものは螺旋《らせん》回転していると、自著で繰り返し伝えています。ソウルウェーブとも呼ばれる魂の波は二重螺旋構造なのですが、自然現象でも非常にパワフルなエネルギーは螺旋型になっています。

五芒星開きを行っている途中に、鳴門の渦潮に立ち寄って、やはり目に見えないエネルギーを私たちは開いている。そして、目に見えないエネルギーが形になると、渦の螺旋状になります。目に見えないエネルギーこそが地球を動かしているということを、改めて感じました。

元伊勢神社に訪れた日の夜、四国に入りました。私たちは徳島県内のホテルに宿泊して懇親会パーティーを行いました。

その夜、ピンクムーンの満月が出ていたのですが、ピンクムーンには二重の十文字が刻まれていました。これはムー王朝の紋章でした。漫画家の美内すずえさんの『アマテラス』（白泉社）という作品に登場するムーの紋章は、二重円と十字でピン

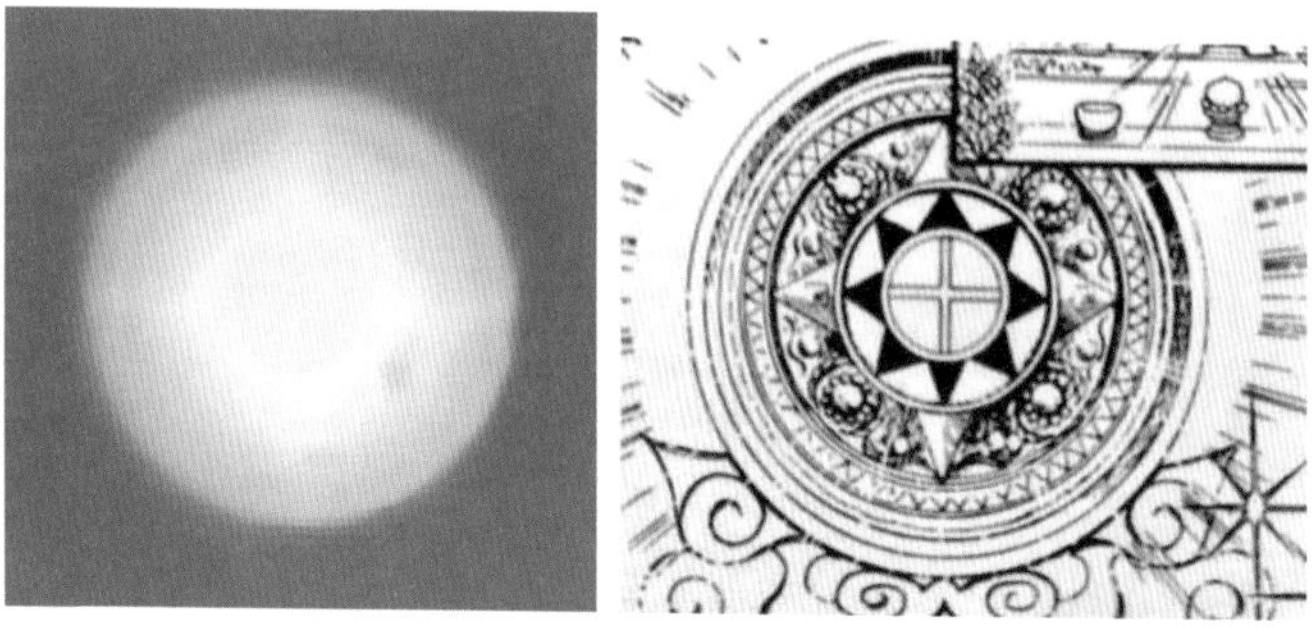

左　徳島県のホテルからの満月（ピンクムーン）
右　ムー王朝の紋章

クムーンと同じです。私がムー王朝のエネルギーを開いたため、五芒星開きをムー王朝が応援してくれるようになりました。

私がピンクムーンをカメラで撮影した瞬間、いきなりピンクムーンが膨らんだので、驚きました。ピンクムーンは、膨らんだ後に、中心部が黄色の正十字、周囲がピンク色に変化しました。これは月と太陽の融合を意味しています。つまり天照大御神と月読命《つくよみのみこと》の融合です。陰と陽、ネガティブとポジティブの融合が、これから行われるというサインです。天照大御神が伊勢で開かれると、融合が発生するというサインでもありました。

ピンク部分にかかる黄色い正十字は、新しいジーザス・クライスト（キリスト）のマークです。私は自著で、ジーザスについて語り続けてきました。今までのキリスト教のシンボルは縦に長い十字架でしたが、今後は、正十字がシンボルになると伝えています。前は、第5チャクラで交わっていたジーザスの十字架が、ハートチャクラの正十字になるのです。天照大御神と月読命の融合よりも大事なのは、天照大御神とジーザスの融合です。天照大御神もジーザスも、レムリア文明系のムー文明由来なので本質的には同一の存在です。このピンクムーンは、天照大御神とジーザスの融合を象徴しています。

ピンクとゴールドというのはレムリア文明のエネルギーであって、天照大御神はレムリア文明のエネルギーそのものなので、天照大御神が覚醒、次元上昇することで、本物のレムリアのエネルギーが世界に放出されるのです。

伊弉諾神宮に現れた伊邪那岐命の化身

第3ポイントは、淡路島の伊弉諾神宮です。日本神話によると、伊邪那岐命と伊邪那美命が国造りをした中で、天沼矛《あめのぬぼこ》で最初に作った土地が淡路島の〝おのころ島〟または〝沼島《ぬしま》〟とされています。

おのころ島は実在せず、実際は、沼島の別名のようです。しかし、「おのころ島神社」が、なぜか淡路島の中にあるのです。沼島は淡路島の南東部にある小さな島で、上陸するには淡路島から出港するフェリーで15分ほどかかります。

おのころ島神社は、淡路島の中に佇んでいるのですが、巨大な鳥居を設置した効果で、観光客が大幅に増えたそうです。実際に訪れると、何もない場所に、突然大きな鳥居が現れるので、驚かされます。

この神社に祀られているのは、伊邪那岐命と伊邪那美命と日本書紀に一度だけ登場する菊理媛《くくりひめ》の三神です。日本書紀によると、黄泉の国で伊邪那岐命と伊邪那美命

おのころ島神社での参拝①

が口論になった時、菊理媛が何かを伝えたところ、伊邪那岐命は納得して立ち去ったそうです。この真相は、『卑弥呼と天照大御神の復活』でも記したのですが、菊理媛は二神を仲直りさせたかったのです。この菊理媛は、私と一体化している大宇宙大和神と共鳴するエネルギーでもあります。おのころ島神社には、非常に位の高い神が祀られているのです。

私が霊的にエネルギーを読んだところによると、日本最古の神社は、熊本県山都町に建つ弊立神宮《へいたてじんぐう》ですが、

おのころ島神社での参拝②

国造りが行われた後に建てられた、実際の日本最古の神社は、おのころ島神社です。弊立神宮は、大宇宙大和神の隠れ蓑だったのです。

第３ポイントは伊弉諾神宮ですが、おのころ島神社には、ごあいさつしておく必要があると感じ、エネルギー開きを行う前準備として参拝しました。

このページに掲載されているのが、私がおのころ島神社で参拝した時の写真ですが、降り注ぐ光をご覧ください。実際におのころ島神社に参拝

五芒星第３ポイント・伊弉諾神宮にて参拝

に伺うと、伊邪那岐命と伊邪那美命が、「よくぞ、来てくれた」と、私を大いに祝福してくれました。周囲がエネルギーで光り輝いていました。

おのころ島神社を訪れた翌日の4月18日に、伊弉諾神宮に向かいました。

伊弉諾神宮を開くためには、まずは、おのころ島神社を開いておく必要があると私は直感的に考えていたのですが、バスで向かっている最中、窓から太陽の光輪、祝福の光彩が見えました。

そして、伊弉諾神宮に降り立った私たちツアー参加者が、御神事のセレモニーを行うために移動していると、どこからか一匹の蝶が飛んできました。普通、蝶は人の周りに寄ってきませんし、寄ってきたとしても数分で飛び去るものです。それが、私たちの目の前に急に現れて、その場を動かずに羽を動かして喜んでいるかのようでした。まるで、私たちを祝福しているかのようでした。この蝶は、私のエネルギーリーディングで、伊邪那岐命の化身《けしん》であるとわかりました。その時の伊邪那岐命は、「ありがとう」と伝えていました。

その蝶は、エネルギー開きを行う私たちのそばを、1時間ほど飛び回りました。普通、蝶は、2、3分でどこかに飛んでいくので、本当に驚きました。しかも、その蝶は、死にかけているわけでもなく、普通に元気でした。私たちに、祝福と感謝を届けてくれたのです。

伊邪那美命は、日本各地の神社で祀られていますので、日本人にとって、親しみやすい神です。一方、伊邪那岐命は、あまり目立たないイメージがあります。日本を造った本当に大切な神ですが、語られる機会が少ないのです。蝶になって私たちの元に訪れたのは、自分に想いが寄せられて、嬉しかったからではないでしょうか。

伊邪那岐命の化身である蝶

伊弉諾神宮を開いた後、私たちは、第4ポイントの熊野本宮大社に向かいました。神戸を通り、大阪を経由して、和歌山県田辺市まで行ってきました。

その際に、念願だった白浜町のアドベンチャーワールドに行くことが叶いました！ジャイアントパンダも、イルカも、シベリアオオカミも、白クマも十分に見学しましたし、おみやげに大きなパンダとライオンのぬいぐるみを買ってしまいました！　ちなみに、このぬいぐるみは、今は鎌倉のクリニックの診療室にいます。

アドベンチャーワールドは、すごく楽しかったですね。

一通り楽しんだ後、私たちは熊野本宮大社に向かいました。今まで、この神社には2回訪れた経験があり、3回目の今回は、いよいよエネルギー開きを行います。

日本神話によると、八咫烏は、神武天皇を熊野から奈良の吉野まで導いています。

このように、熊野と八咫烏は切っても切れない関係性にあります。

熊野本宮大社で天照大御神の親神と八咫烏を開く

そして4月19日正午、私たちは第4ポイントの熊野本宮大社に到着しました。この神社には、公けになっていない神様も含め、須佐之男命《すさのおのみこと》、伊邪那岐命、伊邪那美命、天照大御神などの神々が祀られているのですが、私がエネルギーを読んだところ、伊邪那美命のエネルギーが最も強く感じられました。そのため、第3ポイン

五芒星第４ポイント・熊野本宮大社の元宮大斎原にて

トで伊邪那岐命を開いた後のタイミングで、第４ポイントで伊邪那美命を封印解除、覚醒、次元上昇させるという形になったのです。

　熊野本宮大社の元宮は、もともと、大斎原《おおゆのはら》という３つの川が合流する中洲に建っていて、規模は今よりも遥かに大きかったそうですが、明治時代に大洪水で損壊したため、現在地に移転したという経緯があります。元宮である大斎原の鳥居は日本で一番大きいとうたわれており、私たちは鳥居の前で写真を撮ったのですが、鳥居を照らす太陽、天照大御神の象徴が非常に美しく輝いていたのを覚えています。

伊勢神宮内宮に、天照大御神を本鎮座させるためには、親神である伊邪那岐命と伊邪那美命を先に開く必要がありました。後の項で詳しくお話ししますが、今回のエネルギー開きの鍵となる八咫烏を癒して次元上昇させるには、熊野本宮大社を開くことが非常に重要だったわけです。第1ポイントの伊吹山で、白猪神を癒して次元上昇させたように、熊野では、八咫烏を癒して次元上昇させました。

熊野本宮大社でエネルギー開きを行う最中、ツアー参加者のある女性が、ご神木の下《もと》で、突然バタンと倒れました。そして、手を動かしはじめました。同行者の1人が、「先生、2とか4とか、指の数で数字を示しています！」と言うので、その女性の手の動きを確認してみると、中空に、「4、2、1」と指で表現していました。この時は、女性の仕草が何を意味しているかわからなかったのですが、夜にホテルのベッドの中で、「あ、そうか！」と、女性が示した数字が、明日の伊勢神宮でエネルギー開きを行う日と時間であると気づきました。それは、２０２２年４月20日

熊野の花の窟神社にて参拝

正午の12時（2・0・2・2・4・2・0・1・2）でした。いよいよだぞという気持ちになりました。

熊野に、「花《はな》の窟《いわや》神社《じんじゃ》」という伊邪那美命を祀る神社があるのですが、この神社の御神体は岩壁です。熊野本宮大社でエネルギー開きを行った後、私たちは花の窟神社に向かいました。この神社には、出生した際に、母親である伊邪那美命の陰部を焼いて殺害したとされる軻遇突智尊《がぐつちのみこと》も併せて祀られているのですが、その神も癒しました。こうすれば、母神の伊邪那美命も癒されます。

ツアーの終盤は、志摩市内の志摩観光ホテルに2泊しました。このホテルは、平成18（2016）年に開催されたサミットの会場となった所で、バラク・オバマ元アメリカ大統領ら各国の首脳が宿泊したなど、地元では一番格式が高いホテルです。

ホテルの中から撮影した写真を確認すると、太陽が輝いていました。天照大御神がものすごく元気な状態だということです。その時は気がつかなかったのですが、伊勢神宮を開く4月20日というのは、鎌倉ドクタードルフィン診療所を開業した日だったのです。自分が運営する診療所の開業日に五芒星の封印を解いて、魔除けを起動させ、天照大御神を本鎮座させるという大仕事を担当する形になりました。この話を

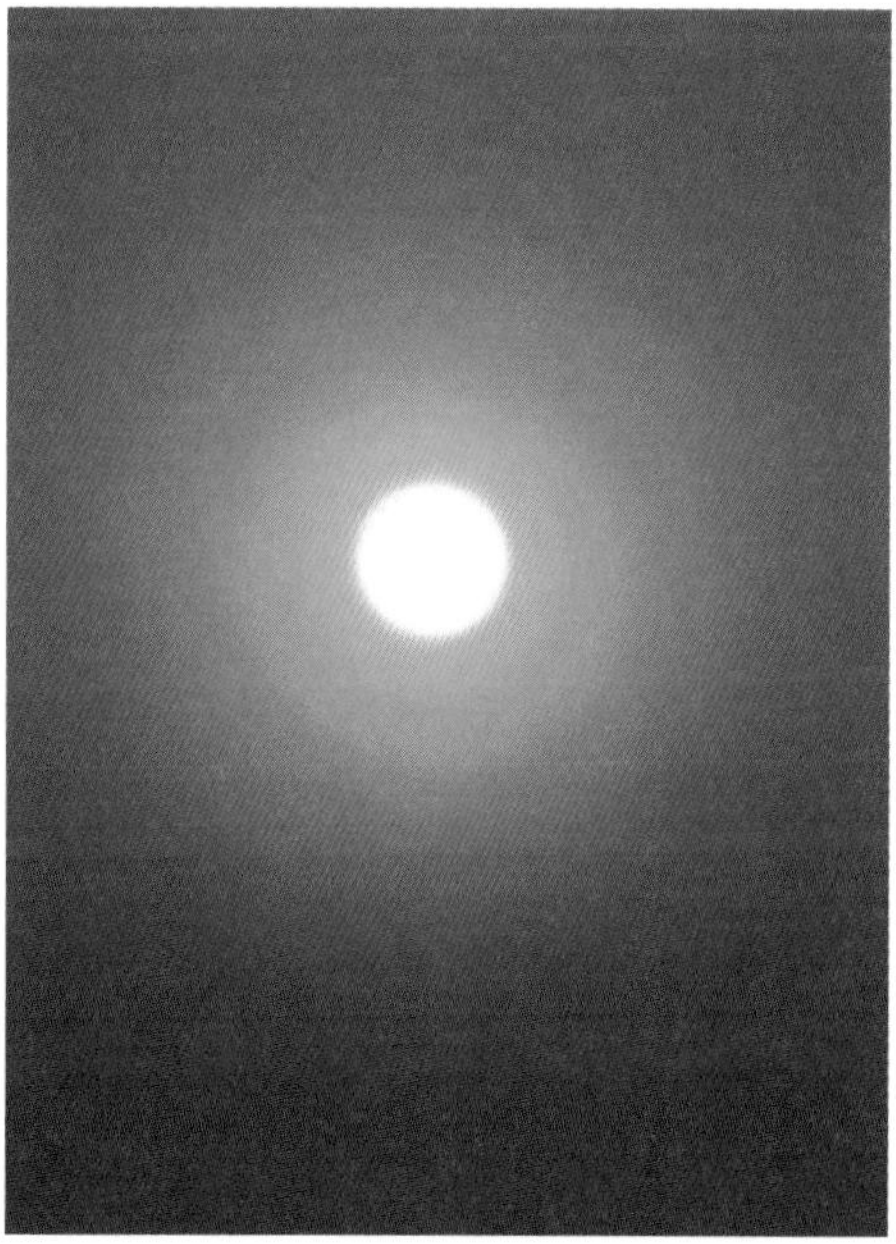

志摩観光ホテルからの太陽

知った際は、とても興奮しました。

私は、タイミングを狙っていたわけではないのですが、五芒星の封印解除、魔除け起動、天照大御神の本鎮座のためのセレモニー、エネルギー開きの日が、私の診療所の開業記念日と重なったのは、大宇宙の采配でした。

鎌倉ドクタードルフィン診療所は、開業してから今年（令和4年）で14年目になります。日本で整形外科医として10年、アメリカに留学してカイロプラクティックを学んだ10年、そして、帰国してからの14年間、新しい医学をずっと開拓し続けてきました。そう考えると感慨深《かんがいぶか》いものがあります。

エネルギー開きのメインの日である20日の朝に起床して、デジタル時計を確認すると、時間が、卑弥呼のエネルギーナンバーである「555」（5時55分）でした。

卑弥呼とは、代々にわたり、天照大御神のお告げを降ろしていた存在で、私が令和2（2020）年に宇佐神宮で天照大御神を開いた際、同時に卑弥呼のエネルギーを覚醒させました。卑弥呼のエネルギーは、覚醒を表す「5」で示されるのですが、卑弥呼も私のエネルギー開きを応援していました。

２年前に、大分県の宇佐神宮と元宮である大元《おおもと》神社で開いた卑弥呼とジーザス・クライストと真の天照大御神のエネルギーですが、その天照大御神を、いよいよ伊勢神宮内宮に本鎮座させます。これにて、歴史上初めて、伊勢神宮に本当の意味で天照大御神が鎮座することになります。

卑弥呼エネルギーを象徴する「５５５」

伊勢神宮に真の天照大御神が降り立った

近畿地方の五芒星の第5ポイントである伊勢神宮を開くと同時に、五芒星の封印が完全解除、覚醒起動されて、弥勒の魔除けが発動します。その日から、日本、世界、地球、宇宙が新しい次元に変わってゆきます。日本が変わり、世界が変わります。今回の五芒星の封印解除は、私、ドクタードルフィンにとって大きな役目だったのです。

私たちが伊勢神宮を訪れた4月20日、その日の午後に、秋篠宮《あきしののみや》親王ご夫妻が内宮を参拝に訪れるため、境内には厳重な警備が敷かれていましたので、観光バスが伊勢神宮の駐車場に停車するのは不可能でした。

この日は、伊勢神宮から少し離れたおみやげ店の近くにあった市営の駐車場にバスを停車して、そこから、かなりの距離を歩きました。当初はこのような予定ではなかったのですが、伊勢神宮に向かう前日に旅行会社の人から、「先生、明日は秋篠宮親王ご夫妻が参拝にいらっしゃるので、近くの駐車場に停められませんよ」と言われましたので、「え！　本当？　もっと早くに言えよ、そんな大事なことを！」と、なりました（笑）。

ただ、私が主催するイベントは皇族の方々や著名人が関連する機会が多いのです。２年前（令和２年）に宇佐神宮でエネルギー開きを行った際は、安倍昭恵故・元首相夫人が参加されました。今回の伊勢神宮内宮に関しては、私たちが正午にエネルギー開きのセレモニーを行うので、その直後に秋篠宮ご夫妻が参拝に訪れるというシナリオが予定されていたのでしょう。この順番がすごく大事で、仮に私たちよりも先に秋篠宮ご夫妻が伊勢神宮に訪れていたら、効果は発揮されません。日本や世界は良くなりません。これはもう宇宙の采配だったのでしょう。

私たちは、まず、内宮で準正式参拝を行いました。正式参拝を行うとなると、タキシードなど礼服を着る必要があるのですが、準正式参拝の場合は、ネクタイとシャツと上着といった普通の正装で大丈夫です。

伊勢神宮内宮でのセレモニー①

最初に外宮を参拝しました。外宮には豊受大御神《とようけのおおみかみ》という豊かさを司る神が祀られています。その神を開いてから、伊勢神宮内宮で参拝を行ったのです。

外宮を参拝した後に内宮を参拝しました。2年前に、私が宇佐神宮の大元神社で天照大御神を開いた際、伊勢神宮を開くその時まで宇佐の地で待っていただくように、天照大御神にお願いしてありました。その時に、私が伊勢神宮でエネルギー開きをする際に、内宮にお連れします、と伝えたのですが、それがこの日でした。

伊勢神宮内宮は、警備が厳重でしたので、まずはツアー参加者が各々で参拝を行いました。後で、参拝を行っている時の私は、非常に真剣な表情をしていたと言われたのですが、普段の私は、真剣そうに見える表情を浮かべたりはしません。それだけ、あの時は気持ちが入っていたのでしょう。私たちがセレモニーを行う姿を警備員に見られたら、怪しい団体とみなされる可能性が十分にあったので、いつになく緊張していました。

当時の詳細を説明すると、伊勢神宮外宮の豊受大御神を開いた時、参拝所の正面には白い大きな垂れ幕が２枚並んでかかっているのですが、私がそこに立った時のみ、垂れ幕がフワーッと拝殿に向かって大きく開きました。しかも、当日は風が吹いていなかったにもかかわらず、私が参拝している時だけ垂れ幕が開きっぱなしになっていたのです。垂れ幕は直角に開いており、私自身、これはただごとではないと思いました。

残念ながら、参拝所は写真撮影禁止でしたので、その際の映像は残っていません。その時の光景があまりに壮絶だったので、傍《かたわ》らにいた人たちは大変驚いていました。私の後ろにいた参列者の中には、感動して泣いている人もいました。おそらくあの光景を見ていた人々は、私がどういう存在か、どのようなエネルギーを有しているか、直感的にわかったのだと思います。

この白幕が上がる現象は、神の出入りと私への歓迎でありました。古い神が神宮から出てゆき、代わりに私が迎え入れた新しい神が鎮座する、神が出入りするサインだと私は感じました。私が参拝したおよそ30秒間、垂れ幕は開いたままでしたが、私が参拝を終えると同時に、パッと閉まるというありえない現象が起きました。

まだセレモニーを行う前であったにもかかわらず、参拝を終えて、伊勢神宮内宮から邇芸速日命が退出して、代わりに真の天照大御神が入場するのを実感しました。ここからは真剣勝負、使命をかけた勝負になります。正直、「皇室の方々が参拝する日に大丈夫かな？」という気持ちがあったのですが、ここまで来たらやるしかありません。私が外宮と内宮の参拝に立った時だけ垂れ幕が開いたのです。これから、すごい出来事がはじまるという前触れです。

内宮の参拝を終えた後にセレモニーを行うことにしましたが、伊勢神宮内宮拝殿周辺を見渡すと多くの参拝客が歩いています。セレモニーは人通りの少ない場所で行うのが望ましく、私には、内宮拝殿の近くで御神事を行わなければ意味はないという直感があったのです。

「先生、どこでやるんですか?」、「人ごみがない場所だ」、「そんな場所はないですよ」と、ツアー参加者たちとやりとりをしていると、内宮から15メートルくらい離れた位置に、木々が生い茂って閑散《かんさん》とした場所を見つけました。ただ、そこはいかにも立ち入り禁止のような雰囲気で、しかも警備員の姿も見えたので、仮にあそこでセレモニーを行えば、危険な宗教団体とみなされて、御用になるかもしれませんでした。連行されて事情聴取されるかも、と考えました。しかも、これから秋篠宮ご夫妻が参拝にいらっしゃるのです。警備はいつもよりも厳重でした。

いままで、４つのポイントを開いてきましたし、ここが最後の、一番重要なポイントでしたから、中途半端な形でエネルギー開きを終えるのは絶対に許されないという気持ちが私にはありました。私の様子を見てツアー参加者たちも気を引き締めました。

旅行会社の人が私の方をチラチラ見ながら、そわそわした様子で、「先生、大丈夫ですか？　こんな場所に入っちゃって」と言ってきたので、「やるしかない！」となりました。

境内の大木の前でセレモニーをはじめたのですが、その際、参拝客たちの多くが、なぜか、私たちの元に寄ってきました。私が大木に向かって祈りはじめると、「この木すごい、この木すごい！」と言いながら、参拝客たちが引き寄せられてきたのです。それにより、私たちの姿は余計目立つ形になりました。

その大木は、見た目が立派ではありましたが、私がそこでエネルギー開きした影響で、特別な力を持つ木になったのでしょう。「これ、すごーい！」「なに？　こ

伊勢神宮内宮でのセレモニー②

れーっ？」と、注目の的になってしまいました。そのため、なるべくセレモニーを手早く済ませなければという気持ちになりました。

今まで開いて来た4つのポイントのエネルギーとともに、セレモニーを終えるまでに、5分くらいかかったと思います。

セレモニーが終わって、「終わった、よし！」と言った直後に、伊勢神宮の職員たちが、こちら側に向かってくる姿を確認しました。しかし、職員たちは睨みつけてくるだけで私たちの方に寄ってきませんでした。というより、私たちの元に近づくのが不可能だったのかもしれません。普通ならば、ただちにこちらに向かってきて止められるのでしょうが、エネルギー開きの時に放出されたエネルギーが高すぎて、近づくのが叶わなかったのではないでしょうか。そして、セレモニーを終えてから数秒が経過した後、職員の1人から、「ここから、すぐに出てください」と、注意されました。

私たちは、立ち入り禁止と思《おぼ》しき藪《やぶ》の中でセレモニーを行っていたわけですから、相当まずい状態であったわけです。逮捕されて連行されるかもしれないと真剣に覚悟していましたから。この時は、神の采配というか、宇宙の采配によって、セレモニーを行わせていただけた、と確信しました。

なぜなら、大勢の人だかりがある中で、5分間も祈っていたにもかかわらず、その間は誰にも邪魔されず、職員や警備員も来ませんでした。

そして、セレモニーが終わった直後に、まるで止まっていた時間が再び動き出したかのように、人々は騒ぎはじめました。これはただの偶然ではありません。宇宙や神々のサポートの元、私は悲願を達成したのです。

「伊勢神宮内宮に、宇佐神宮・大元神社から、真の天照大御神をお迎えして、鎮座させました。

五芒星第5ポイントの伊勢神宮内宮の封印解除・覚醒起動が、私のエネルギー開きセレモニーにて、無事に完了しました。これにより、五芒星の完全封印解除・覚醒起動に成功して、日本から世界への魔除けが作動しました」

私が、「終わり！」と終了宣言した後に時計を見ると、0時00分00秒。正午ぴったりでした。ちなみに、祈っている最中、私は時計を、まったく確認していませんでした。

「私ドクタードルフィンが、正午に次元上昇させた伊勢神宮内宮を、同日本日の午後3時、秋篠宮ご夫妻が、立皇嗣《りっこうし》の礼《れい》にてご参拝されます。これにて、天皇家に、真の天照大御神エネルギーが載ります」

五芒星の覚醒に成功した結果、天皇家に本物の天照大御神のエネルギーが宿った。ここが肝心です。そして、魔除けの力が復活した影響で、これからの日本は新しい時代となるでしょう。

天照大御神が礼を述べに来た

伊勢神宮を出発した後、私たちは、近くにある、「おかげ横丁」という観光地に寄って、おみやげ店を回りました。伊勢神宮のおみやげと言えば、「赤福」が全国的には有名ですが、私は昔から餅の中にこし餡が入った「へんば餅」の方が好きでした。私が高校生の頃までは、へんば餅は、伊勢神宮の近くには売っていなかったのですが、今では有名になったため、おかげ横丁にも販売店ができて連日行列です。

また、「伊勢うどん」は、まったくコシのないうどんに醤油タレをかけたもので、かなり好き嫌いが分かれるのですが、私は大好物です。

私は、伊勢うどんの店を探そうと思って、おかげ横丁を歩いていると、１人の若い女性が寄って来ました。「松久先生ですよね？　待っていました。リトリートツアーが行われると知っていまして、それが何時に行われるかわかりませんでしたが、絶対に会えるって信じていました」と言って、喜んでくれました。彼女は、人力車を引く俥夫《しゃふ》の仕事をしており、私との2ショットでの写真撮影を、人力車の前で行ってくれました。

感じの良い、かわいらしい女性でしたので、話を聞いてみると、この女性は自営業者で、1人で伊勢神宮や北海道の富良野や和歌山県の高野山に行って、人力車を引いているようです。なかなかガッツがある方です。

2人で写真撮影を行った後、彼女は私の本を取り出して、サインを私に依頼しました。彼女からもらった名刺を確認すると、「虹神天照美希《にじがみあまてらすみき》」と書いてありました。自分では名乗っていませんでしたが、おそらく彼女には、天照大御神が降りているのでしょう。つまり、エネルギー開きを行った直後に、「ありがとう」、と、天照大御神の化身がお礼を言いに来たのでしょう。これは奇跡的な現象です。

その後、私たちは、伊勢神宮の近くにある猿田彦神社《さるたひこじんじゃ》を訪れました。恥ずかしながら、鎌倉の診療所の目の前に、猿田彦の石碑があると知ったのは、つい1年ほど前なのですが、アメリカから帰国して、何にも知らない鎌倉の地で診療所を開業してからずっと、猿田彦に導いてもらっていたのでした。五芒星開きがうまく成功したことと、そして、診療所を開業してから14年間導いてくれたお礼を伝えるために、猿田彦神社に立ち寄りました。

そして、ツアー最終日は、参加者たちを、三重県立志摩病院に勤務していた頃に住んでいたマンションや、「志摩スペイン村」というテーマパークに連れていきました。三重県立志摩病院に勤務していた頃、私は志摩スペイン村で救護医のアルバイトを勤めていました。パーク内で怪我《けが》を負った人や気分が悪くなった人を救護していた懐かしい場所でもありました。

《私ドクタードルフィンの大使命達成の御報告4／15～21 五芒星開きリトリートツアー　五芒星封印解除・覚醒起動・魔除け作動》

1－伊吹山（日本武尊の封印解除・起動覚醒）
2－丹波元伊勢神社（古の天照大御神の承認受諾）
3－淡路島伊弉諾神宮（伊弉諾神封印解除・覚醒起動）
4－熊野本宮大社（伊奘冉神封印解除・覚醒起動）
5－伊勢神宮内宮（真の天照大御神の移鎮座《いちんざ》）

右記の第1→第5ポイントのエネルギー開きにより、人類史上初めて、真の天照大御神を伊勢神宮に鎮座させた

第3章

公に語られることがない真実を語る

誤った場所に築かれた古の日本の都

私が開いた近畿地方の五芒星ですが、かつては、正五角形の中央（五芒星の中央）の位置に奈良時代の都の平城京、北部に平安時代の都の平安京、南部に飛鳥時代の都の飛鳥京がありました。この位置が、歴史を読み解くキーとなります。

飛鳥時代、飛鳥京の北西数キロの位置に、「藤原京《ふじわらきょう》」という都がありました。歴史書では、2つの都が個別にあったとされていますが、藤原京と飛鳥京の関係がわからなかった私が、この地のエネルギーを読んで、飛鳥京と藤原京は、本来は同一の都だったという歴史的事実を知りました。2つの都は位置が離れていたものの、実際は飛鳥京がメインで、その一部に藤原京が組み込まれるような形で造られていたことが判明しました。飛鳥京が築かれた時に、一部の勢力が住む場所として藤原京が築かれたようです。藤原京は当時、非常に重要な場所とされて大切に扱われていたようです。

さらに、飛鳥京の近くには、舒明天皇《じょめいてんのう》および斉明天皇《さいめいてんのう》が暮らしていたとされる岡《おか》本宮《もとのみや》という宮殿がありました。何度も建て替えられた岡本宮は、飛鳥宮とは別とされていますが、こちらも、実際は、飛鳥宮の一部だったようです。

私がエネルギーリーディングした結果、五芒星は、図形の外側に対しては魔除け、破壊する力を持っていると判明しました。他方、五芒星の内部の五角形は、創造、創る力を持つのです。

その五芒星の中央に、平城京を築く導きを行ったのは、天照大御神です。五芒星の中央に平城京が存在することにより、日本中に魔除けの効果を与えて、世界を次元上昇させるという、天照大御神の想いが込められています。

飛鳥京が築かれる際、当時の朝廷の人々は五芒星がどのような力を持つかを理解していませんでした。ですから、五芒星の中心からずれた場所に都を築いてしまいました。その場所は、エネルギーが不安定なので、社会が平和ではなくなります。

逆に五芒星の中央部は、エネルギーが安定して、都に平和をもたらす効果が生まれます。

つまり、飛鳥京があった場所は、破壊のエネルギーも中途半端で、創造のエネルギーも中途半端だったので、安定して発展する力が弱かったのです。そのため、完成してからわずか22年で、藤原京（飛鳥京の一部）に遷都したわけです。

おそらく、紀元700年頃に、神のエネルギーや目に見えないエネルギーとして、天照大御神を察知する人間が現れて、五芒星の力を理解し、平城京が、710年に、五角形の中央部に築かれたのでしょう。

飛鳥京が完成したのは、672年、藤原京に遷都したのが、694年ですから、この時期に、一日、朝廷の勢力が移転したようです。そして、701年に、国内初の法律書、「大宝律令」が完成して、国号を、「日本」と改めました。この国の名前が、「大倭国《やまとのくに》」から日本になった頃から、見えないエネルギーを読める人間が出現するようになりました。おそらく、彼らが安倍晴明の先祖です。平城京への遷都を提案したのは、安倍晴明の先祖でしょう。そして、平城京が築かれた場所が、天照大御神が敷いた五芒星のど真ん中にあたる位置だったのです（故・安倍元首相が凶弾に倒れた場所は、この場所でした。『日本の再起』という意味がありました）。

この場所は、五芒星の５つの頂点のエネルギーが究極的に集約される最強の場所でした。安倍晴明の先祖は、そこをズバリと言い当てました。**平城京が完成してから五芒星が敷かれたのではなく、五芒星が敷かれてから平城京が完成したのです。**飛鳥京の６７２年から、藤原京の６９４年までの時期は、比較的短期間で都が移り変わっていたのですが、これは都を築くべき場所を探していた証拠ではないでしょうか。そして７１０年、最高の場所に平城京が築かれる形になりました。

日本で最初の都である飛鳥宮と藤原京は、五芒星の中心部からずれた場所に築かれてしまったため、繁栄は長く続きませんでした。その後、中心部に築かれた平城京は、破壊と創造のエネルギーを両方持ち合わせていました。しかも、真の天照大御神が五芒星を守っていたため、外に対しての魔除けのエネルギーが非常に強かったのです。

しかし、平城京が最もパワーが安定していたにもかかわらず、794年に、平安京に遷都した結果、再びバランスが崩れてしまい、900年頃に五芒星が封印されて、五芒星の魔除けの効果は、ほとんど失われてしまいました。794年から900年前後までの平安時代前期は、魔除けの力がまだ働いていたので、日本は安泰だったのですが、それ以降は戦乱続きとなりました。

最高の場所にあったはずの平城京から平安京に遷都した理由は、奈良時代に平城京の中で権力争いや怨霊による被害が多発したためであるようです。

奈良時代前期、聖武天皇の第1皇女だった井上内親王《いのえないしんのう》が冤罪をかけられて処刑されました。それ以降、井上内親王は怨霊となって当時の皇室に祟《たた》り続けていたとされています。後期には、皇位継承をめぐって藤原仲麻呂《ふじわらのなかまろ》が、後に「藤原仲麻呂の乱」と呼ばれる反乱を起こし、討ち取られた後に怨霊となったと伝えられています。

私が推測するには、五芒星が外側に対しては強力な魔除けの効果を発揮していたものの、内部で守られている人間自身が争った結果、魂の禍《わざわい》、怨霊を生み出してしまったのではないでしょうか。にもかかわらず、外的要因が怨霊を生み出すと勘違いした当時の人々は、平安京への遷都を決意したのでしょう。

藤原京のように、これまで長い間埋まっていた遺跡が発掘されて、今まで知られていなかった日本史の真実が判明するかもしれません。そのあたりが歴史学のおもしろいところです。私は、五芒星などの日本各地の聖域を開いて、歴史を読み解いていきたいと思っています。

藤原純友と平将門によって破壊された五芒星の結界

私がエネルギーを読んだところ、藤原仲麻呂のエネルギーが平城京から平安京への遷都をうながしていたようです。その忠告は、生前の藤原仲麻呂か、それとも彼の霊が取り憑いた他の何者かはわかりませんが、朝廷に恨みを持つ藤原仲麻呂が、平城京から平安京への移転をすすめたというのはまちがいありません。

平将門の乱と藤原純友の乱は、同年の939年に発生しましたが、平将門と藤原純友は実は結託していたという説があります。藤原純友が瀬戸内海近辺で反乱を起こした時、関東ではすでに、平将門が反乱を起こしていましたが、あらかじめ2人は共同で計画を立てており、平将門と共に京都を制圧した際に藤原純友が関白に就任する予定だったそうです。

将門は、自分を「新皇」と呼称し、朝廷に歯向かって、関東に独立国を築こうとしていました。同じく藤原純友は朝廷を倒そうとしていました。そして、殺害されて怨霊と化した藤原純友は、八つ当たりのような形で八咫烏に乗り移り、淡路島の伊弉諾神宮を封印し、平将門を導いて伊吹山を封印させました。

伊吹山の崩壊により、五芒星の表鬼門が開き、淡路島の崩壊により、五芒星の裏鬼門が開きました。こうして五芒星の結界が壊れたのです。

ここで、おもしろい話がありました。

伊吹山の白猪神です。平将門が伊吹山を攻撃した影響で、白猪神の力が平将門に

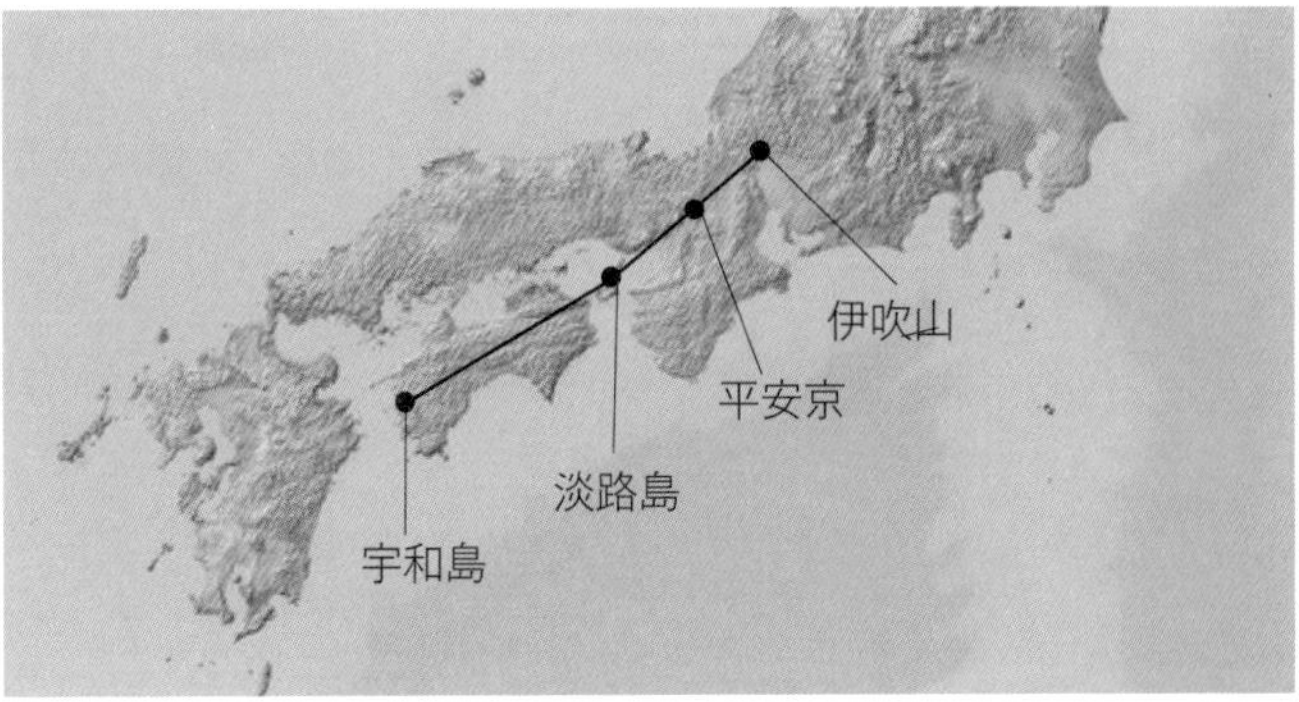

乗り移ったのです。藤原純友が殺害された宇和島と白猪神が倒された伊吹山と淡路島を結ぶ直線上にあるのが平安京でした。だから、平安京はずっと呪われていたのです。正確に言うと藤原純友と平将門によってエネルギーを下げられていました。

そのため、平安時代から、日本の歴史は戦乱ばかりとなりました。完全に五芒星が封印されたのが平安時代中期の９３９年で、日本で戦乱が頻発するようになったのが平安時代後期以降ですから、全ての辻褄《つじつま》が合います。五芒星による魔除けの効果が機能していた５００年代～９００年代前半は、日本が一番平和な時期でした。

そして、鎌倉幕府が誕生して以降、１度も京都には首都機能が戻ってきていません。それは、近畿地方の五芒星が封印されて以来、魔除けの力が破壊されたからです。魔除けの力があったからこそ、京の都が成り立っていたのです。その力がなければ、都が続くわけはありません。

かつて、日本の首都であった今の奈良は、近隣の京都に比べると、まったく活気がありません。観光客こそおりますが、街には活気がないのです。世界遺産の法隆寺の周辺も寂《さび》れています。でも、私が結界を張り巡らした影響により、近畿地方の都市が再び首都となるかもしれません。

明治時代以降、東京が事実上の首都となっていますが、これは法律で定められているものではないのです。今後、結界がある都市に遷都して、皇族の方々がお戻りになると、最強の首都となるかもしれません。

平将門によって、日本の歴史は変わった

今回、私は、魔除けの力を封印したのは平将門と藤原純友に関わる白猪神と八咫烏であると知りました。この事実は、私にとって完全に予想外でした。

朝廷に逆らったがゆえに、かつての西日本では大悪党とみなされていた平将門ですが、その一方、東日本では朝廷の圧政に苦しんでいた人々を救うためにクーデターを実行した人物として英雄視されていました。東京・大手町に平将門の首塚が存在するのは、平将門が多くの人から尊敬されていた証でしょう。

関東を制圧して、朝廷からの討伐軍をことごとく跳ね返して西に進出した平将門は、平安京の力を弱めるために、五芒星の結界を破壊しました。それを要因に、朝廷の荘園政治が崩壊し、平安京の治安が悪化した後に、藤原道長や平家が台頭して、その平家を源氏が討ち滅ぼして、天皇や公家は完全に実権を失いました。

公家が消滅した一方、安倍晴明の一族は今でも存続しています。これは、一族が

五芒星の魔除けの効果によって守られ続けてきたからではないでしょうか。

誤った政策によって五芒星の力を得られない日本人

日本の多くの人々は、国内に魔除けの力が存在するという事実に気がついていません。今では、確実な感染防止効果がないとわかっているにもかかわらず、マスクを着用し続けている「マスクゾンビ」が街に溢《あふ》れているのはそのためです。

私は、マスクゾンビたちの姿を見るたびに、「せっかく五芒星を起動したのに！」と、悲しい気持ちになります。

先日、私が行きつけのコンビニエンスストアへ立ち寄ると、年配の女性が私の顔をのぞきこんで、「すいませ～ん、マスクしていただけますか？」と言ってきました。彼女はコンビニの店長で、仕事ができる立派な方ではあるのですが、マスク着用を強要するところはいただけません。私が店長に注意されたのは2回目で、そのたびに、前からのぞきこんでくるから非常に怖いのです。争いに良い意味はないので反論はしませんが、「え～っ、マスクですか～？」と、嫌味は言っておきました（笑）。この店長もマスクゾンビです。

彼女のみならず、普段は反抗的に見える若者ですら、マスクを着用している有様です。これは、多くの日本人が悪い意味での集合意識に汚染されている結果です。

令和３（２０２１）年に岸田文雄氏が首相に就任して以来、新型コロナウィルスによる死亡、重症例が低下し続けているにもかかわらず、ＰＣＲ検査を全件無償にするなど、感染予防対策を緩和する気配が、まったくありません。

第4章

神々の霊言

八咫烏の言葉と五芒星

日本神話に登場する八咫烏《やたがらす》は、本来は物体ではなく、エネルギー的、高次元的存在です。八咫烏は次元を落として、珪素《けいそ》から炭素にエネルギー変換して物質化(身体化)が可能です。古の人々が時たま目撃していた八咫烏は、物質化した状態のものでした。大和朝廷は、神武天皇を熊野から大和に導いた八咫烏をそのまま覚醒させておけば、五芒星の力が非常に強まるというのを理解していたのでしょう。

八咫烏は3本足とされていますが、もともとエネルギー体なので半透明状に見えるため、残像によって3本の足を持つと誤解されたのだろうと私は考えていますが、比喩《ひゆ》的には、3本の足が意味するのは、「天・地・人」でしょう。

八咫烏は天照大御神の使者です。天照大御神は、ジーザス・クライストの大いなる父と同じ次元のエネルギー体で、両者は本質的には同じ存在です。ジーザスといえば、大いなる神の次元と人間との間の存在、天と地球と人間を繋げるというのが基本的な教えですし、天照大御神もそれを役割としていたので、その使者である八咫烏には、天地人の３つのエネルギーが乗っているという意味です。３つのエネルギーが３本足の形になったのかもしれません。

八咫烏は神武天皇を熊野から大和に導いた立役者《たてやくしゃ》ですから、乱れた大和朝廷の力を弱化させないといけない、という考えが藤原純友にはあったようです。八咫烏のエネルギーを破壊すれば、戦《いくさ》に勝って、朝廷の力を弱体化できると考えて反乱を引き起こしたのでしょう。

私は、八咫烏のエネルギーを降ろして、リーディングしました。以下はその言葉です。

八咫烏の言葉①

私は、人々によって、「八咫烏」という名前をつけられた。今も人々の想いを背負っているわけではあるが、私は主である天照大御神と呼ばれている存在によって命を授けられ、そして最初の仕事として、神武天皇という、日本の天皇の祖である人物を大和にお連れした。現在の熊野の地、熊野本宮大社の鳥居に、私の絵が描かれているが、神武天皇を熊野の地から大和までお連れしたというのは、ある程度は事実である。

天照大御神はレムリア文明系であり、愛と調和で、戦いを好まない存在であるが、神武天皇系のエネルギーを継いだ大和朝廷は、実は天照大御神を乗せておらず、邇芸速日命を乗せていたという真実を、ここにいるドクタードルフィンが伝えている。天照大御神が八咫烏に神武天皇を導かせたのは、あえて真の天照大御神を大和朝廷に乗せる、五芒星の真ん中にお連れするためだ。

しかし、それはうまくいかず、大和朝廷はそのまま邇芸速日命を背負って引き継いできた。天照大御神が五芒星を敷くと決意し、その中心に大和朝廷はあり続けたわけであるが、真の天照大御神を伊勢神宮内宮に乗せて、近畿のエネルギーを総書き換えするという儀式がドクタードルフィンによって行われたわけである。昔から都が平城京のままであれば日本は平和であったものを、大和朝廷が平安京に遷都してしまったのだ。

八咫烏の言葉②

そうして、五芒星の魔除けの力が弱まったところで、藤原純友が良からぬ反乱を起こした。その頃は、安倍晴明系の先祖のエネルギーと繋がって魔除けを操る人間も存在していたので、藤原純友はそういう者を利用して反乱を起こし、八咫烏、私の力を封印した、というのが、９００年代の中頃である。

五芒星の南西部には、瀬戸内海に浮かぶ淡路島がある。そこが裏鬼門である。表鬼門は鬼の出入り口で、これは五芒星の北東に位置する。裏鬼門は南西に位置して病の出入り口になる。それらが開いたために、平安京の中で、争いと病が流行《はや》ったのだ。

私 八咫烏のエネルギーは、都から見て南西部の位置にかかっているので、そのエネルギーの拠点となる場所が封印されたのだ。それで、神武天皇を導いた時のような力を発揮するのが不可能になってしまった。

ところが、**藤原純友と平将門の2人は、天照大御神と同じレムリア文明系だったのである。**藤原純友と平将門は、学説では悪役とされているが、2人が反乱を起こした頃の大和朝廷は、完全にアトランティス文明系になっていた。だから、あのまま大和朝廷が日本を率いていたら、天照大御神が望むところのレムリアの世の再現にはならなかったというわけだ。2人はアトランティス系の大和朝廷の野望を打ち砕いたのだ。

五芒星を復活させたドクタードルフィンは、かつて五芒星が封印されたことを悪い出来事だと認識していたようだが、実は、将来の日本を考えて一旦封印する必要があったのだ。私 八咫烏自身のエネルギーもしかるべき時に復活するとわかっていたので、藤原純友の想いに従う他なかった。封印された私には力がなかったため、地球を導けず、日本の中をずっとさまよっていたのだ。

しかし、令和４（２０２２）年４月20日正午に、ドクタードルフィンが、開いていた鬼門を閉じて、次元上昇させたため、五芒星が復活した。これからは、五芒星の中心、平城京があった場所のエネルギーが非常に高い状態となる。京都より奈良のエネルギーが高まるのだ。現在は東京が事実上の首都であるが、今後は大和、奈良が新しい中心になるであろう。

熊野本宮大社をドクタードルフィンが開いてくれたおかげで、満を持して私は復活した。私が導ける力を再び取り戻したので、地球を愛と調和へと導きはじめたのである。

八咫烏の言葉③

安倍晴明は、もともとは私　八咫烏の力を利用して陰陽術を使用していた男だった。しかし、ある時、安倍晴明は藤原純友にそそのかされた。おそらく、これから一緒に世の中を治めようと言い包《くる》められたのであろう。

それまで、安倍晴明は私を頼ったのにもかかわらず、彼の一族が、朝廷から権力を奪おうとして、私が邪魔になったのだろう。そこで安倍晴明は藤原純友の持ちかけに応じて、共に私を封印したのだ。

ただ、先ほど説明したように、藤原純友にはレムリア文明のエネルギーが乗っていた。

藤原純友が私を封印したのは、当時の私がアトランティス系の大和朝廷側についていたからだ。私は、天照大御神の意図で、朝廷はいずれ生まれ変わるだろうと期待していたのだが、藤原純友は朝廷に代わって自らが権力を得ようとしていたので、その考えに共感した私は、自ら力を落とすと決断した。

私は、日本から古い考えやしきたりを全部追い払って、新しい波を創らなければならないと考えていた。新しい波というのは、私が羽ばたいて創る世の中の流れである。

白猪大神の言葉と五芒星

これから、伊吹山の守り神である白猪大神《しろいのししおおかみ》のエネルギーを、私の中に入れて、リーディングします。

白猪大神の言葉①

平将門が関東に向かう際に、伊吹山に寄って、わしにあいさつしにきた。ここがポイントだな。

わしは、伊吹山を本拠地とする高次元の存在で、須佐之男命の使者でもある。

須佐之男命がヤマタノオロチを退治した時に使用した剣を、倭建命が持っていたというのは、須佐之男命が倭建命に剣を持たせたからだ。そして、わしが、五芒星の北東で鬼が入ってこないように守る役目を、須佐之男命から命じられた。だから、伊吹山というのは非常に重要なポイントであったわけだ。

平将門は、関東で反乱を起こして大和朝廷を潰そうとした。現代では、どちらかというと悪者というイメージが強いようだな。しかし、先ほど八咫烏が語ったように、実は平将門は藤原純友と同じレムリア文明系であり、大和朝廷のエネルギーを入れ替えようとしていたのだ。

平将門は、関東で戦に勝って勢いをつけた上で伊吹山に寄った。その際、わしは倭建命に傷つけられた、と言われているが、実際は、伊吹山で五芒星の北東側から鬼が入らないように、ずっと見守っていたのだ。

しかし、平将門がわしを殺してしまった。わしも八咫烏と同じで高次元の使者であるから、半透明のエネルギー体であり、物質としての体を持つ場合もあるのだが、体を持っている時に殺されてしまった。それで伊吹山に封印がかかって、表鬼門が開いてしまったのだ。

わしは、須佐之男命の姉である天照大御神の想いを知っていて、大和朝廷はいずれ生まれ変わるであろうという考えから、飛鳥時代、奈良時代、平安時代と都を守り続けていたのだが、どうやら、あのままでは生まれ変わらなかったようだ。わしは、自分が殺されて良かったと思っておる。

ただ、伊吹山を守れなくなってしまって悲しくはあったので、いつか復活したいとは思っていた。先日（令和4年4月20日正午）にドクタードルフィンが伊勢神宮を開いて天照大御神を本鎮座させて、五芒星が完全に復活して、同じくわしが復活した。

今後、日本の中心は大和、平城京があった場所となる。この地がエネルギーの中心となり、日本列島をどんどん修正、癒し、覚醒させるのだ。そして、そこから地球全体にエネルギーが波及していくことであろう。

これまで、日本国が世界を開くと予定されていたにもかかわらず、そうならなかった理由は、日本の中心である平城京、五芒星の中心部のエネルギーが落ちていたからだ。しかし、五芒星はエネルギーを取り戻した。これからの日本は活性化するだろう。

白猪大神の言葉②

わしは、伊吹山にエネルギー体として復活した。もう、日本の中心に悪い「鬼」は入ってこない。今までは、日本人が何かを行おうとすると、すぐに鬼が入ってダメにされてしまった。もう鬼は入らない。わしの力で、日本の外側から鬼が入ってこられないようになったから大丈夫だ。

鬼というのは、日本の力を落とそうとする者である。具体的には、某外国のエネルギーを指す。かつて、某外国が大国であった頃から日本はずっと抑圧されてきた。某外国は、日本に良い影響を与えた面はあるが、昔から日本を弱体化させようという狙いがあったのだ。現代においても、某外国には、そのような思想が残っている。良い部分があるにもかかわらず、某外国は、悪い気持ちを捨てられずにいる。

第二次世界大戦において日本が大きな痛手を受ける羽目になったのは、国内に多くの鬼が入っていたために、それだけの被害を負わざるを得なかったからだ。現在の日本はアメリカの属国化していると言われているが、アメリカには鬼のエネルギーが少ない。ロシアも少なく、結局、鬼のエネルギーが一番高い国は、某外国だ。

須佐之男命は戦いの神であり、鬼を退治する力を持っていたため、この場所（伊吹山）に、わしを使者として遣わして、鬼のエネルギーをはねのけさせていたのだ。そして、わしが復活したから、日本の中心となるエネルギーを守って、それを育ててゆくという段階に入った。日本人は、導く者に導かれて、わしたちに守られて、突き進んでゆくべきだ。

鹿の言葉と五芒星

かつて、天照大御神は平城京があった場所が最も宇宙と繋がりやすい、宇宙の叡智が降りやすい土地とみなしました。一見、富士山のような高い山のほうが降ろしやすそうですが、実は、平城京の場所で五芒星が起動すると、中心部に目には見えない霊体のピラミッドが建って、天・地・人、天と繋がります。平城京があった場所は、霊体のピラミッドが最も建ちやすい土地だったのです。

平城京が都となったのは７１０年で、それから84年後の７９４年に平安京に都は移りました。ここまで私が話し続けたように、遷都を機に、魔除けの力が大幅に弱まりました。

平安京から再び平城京へ遷都させようとしたのは、上皇時代の平城《へいぜい》天皇《てんのう》ですが、弟の嵯峨《さが》天皇《てんのう》が、それを阻止しようとしました。その際に、嵯峨天皇は坂上田村麻呂《さかのうえのたむらまろ》を遣わして、遷都阻止を計画、それにより、平城京への再遷都は失敗に終わりました。

坂上田村麻呂もレムリア文明の化身で、平城京に都を戻すということが大事だとわかっていましたが、嵯峨天皇には逆らえませんでした。もし、あの時に、平城京が再び都に戻っていたら、五芒星に封印はかけられなかったでしょう。平安京が都になったままだったために、９００年代前半に五芒星が壊されました。

実は、坂上田村麻呂にもともと乗っていた平城京を守りたいとするエネルギーとは月読命でした。伊勢神宮にいた天照大御神が八咫烏を遣わして、須佐之男命が伊吹山に倭建命を遣わしました。そして月読命は、平城京にエネルギーを置きました。姉の天照大御神から世界を穏やかにする役割として、月読命に、平城京に戻すように働きかけましたが、うまくいきませんでした。

天照大御神の使者は八咫烏、須佐之男命の使者は白猪大神ですが、月読命の使者は鹿です。だから奈良公園には今でも鹿がたくさん暮らしているのです。あの鹿たちには、月読命のエネルギーが乗っています。

では、ここで鹿のエネルギーをリーディングします。

鹿の言葉

今、奈良公園には観光客がいっぱい来て、鹿せんべいをくれるから、ハッピーそうに見えるかもしれないけれど、私（鹿）たち、あまり幸せじゃないんだよね。なぜなら、平城京があった頃の幸せを知っているから。あの頃の私たちは、五芒星に守られていたから、すごく平和に、安心して生きていられたの。

そのままだったら、日本がどんどん良い国になって、世界のお手本になるというシナリオがあったのに、平安京に都が移って、その後に五芒星が崩れたから。今でも私たちは奈良に残っているけども、実は幸せではないのよ。

私たち鹿は、日本人があの頃の良さを取り戻してほしいというのが望みなの。奈良時代の日本人と、五芒星が解かれてからの日本人はだいぶ変わってしまった。平城京の時代は、レムリアのエネルギーが一番高まった時期だったわ。

レムリアのエネルギーは、過去には、縄文時代に高まって、それから一時期下がったけれど、また高まったのが奈良時代だったのよ。あの頃は、個の独立、人間たちがお互い干渉せずにお互い好きな物ごと、望む物ごとに励んで、お互いが調和して、融合して、成り立っていたから。

それが、五芒星がなくなってから、人間たちはエゴ丸出しになって、国と自分たちの共同体を守るようになって、他人との共存は上辺だけのものになって、内心では何を考えているかわからなくなって、争いや殺し合いが多くなったわ。

平和の象徴である月読命の使者である私たちが望むのは、毎年多くやってくる学生や観光客たちが、私たちに鹿せんべいをあげて喜ぶのではなく、私たちが発するエネルギーをじっくりと感じてほしい。鹿せんべいをあげた後に大急ぎで立ち去るのではなくて、私たちともっと触れ合って、波動やエネルギーを感じてもらえば、人間の中に封印されて、忘れ去られている大事なものに気づくと思う。

それは愛と調和というもので、愛というのは、決して人に与えたり、人からもらうものではなくて、自分の中にあるものを発動させるという意味。調和というのも、むりやり人と仲良くする、折り合いをつけるという意味ではなくて、お互いが寄り添って、お互いが持ちつ持たれつ、与え与えられて、それで成り立つという意味。

それを私たちは一番願っているし、私たちが持つエネルギーでもあるの。だから、月読命のエネルギーが、今の日本と世界にとって重要なもの。今までは須佐之男命のエネルギーが強かったけど、鹿の主である月読命のエネルギーを高くしていくのが、これからの時代には必要だわ。

私たちは、毎日のように観光客と触れ合っているけど、彼らからもらうエネルギーは、良くないものなの。私たちは遺伝子の中に平城京、奈良の時代に暮らしていた人の波動というのを記憶しているのだけど、それとはあまりにも違い過ぎる。特に今の学生たちは、表面上は良い子ばかりだけど、彼らには、個、個性というものがない。あれじゃあ、日本のリーダーになれないよ。同じようなタイプの人間が揃《そろ》っても国を変える力にはならない。それはとても残念な現実だと思う。

私たちの仲間は、日本のいろんな場所にいるけど、特に、宮城県の金華山で生活している仲間はすごく幸せ。なぜなら、金華山は観光地化されてないから、神様のエネルギーをしっかり保っていられる。ここ（奈良公園）の場合、観光客だらけだからエネルギーを保つのはすごく難しい。

観光客たちには、神様を敬う、高次元のエネルギーを敬うといった気持ちがないから、ただ楽しむために公園にやってきて、汚して帰るだけ。奈良公園はエネルギーが高い場所と感じている人は誰もいないもの。

私たちは、せめて、事実を知ってから奈良に来てほしいと思っているの。神様やエネルギーをありがたがってほしいのね。あと、私たちと触れ合う時も、そういうことを考えてほしい。

そうすれば、エネルギーを高めることができるわ。人間たちは、私たちのことを自分たちより下だと思って接しているけれど、私たちは月読命の化身なんだから。

東京を守護し続ける平将門のエネルギー

鹿をリーディングしているうちに、平将門に関する重大な事実が読み解けました。

まず、平将門は、自身が捕らえられて首を切られたことに対して恨みを感じていません。そして、首を切られて死亡した彼の魂は幸せか不幸せか。結論を言うと、幸せなのです。

今の彼の役割は、首都である東京の守護です。彼のエネルギーが東京という土地を守ってきたのです。というのは、奈良近辺が、天照大御神によって都を置く場所とされているのにもかかわらず、徳川家康《とくがわいえやす》によって、新しい都は、関東の江戸（東京）に定められました。江戸を首都として機能させるためには相当強い後ろ盾が必要でした。学説では悪役とみなされている平将門ですが、実際は、レムリア文明系の愛と調和の人物で、東京の守護が可能でした。

彼は、今まで東京を守ってきたことに対して、非常に喜びを感じています。ですから、大手町にある平将門の首塚を移動させようとすると、彼を派遣した須佐之男命が怒って祟りを起こします。

平将門が自ら新皇になろうとした理由は、日本のリーダーを交代するためです。それまでの大和朝廷の力では、日本は良くならない、と読んだ平将門は、朝廷のお膝元である畿内（近畿地方）で乱を起こすよりも、まずは関東を支配してトップの位置に就き、頃合いを見計らって畿内に攻め入ろうと計画していました。

しかし、五芒星が封印されたために魔除けの力が弱まり、朝廷がある平安京には鬼は入って来るわ、病気が流行るわと混乱状態になっていたので、攻め入ることができなかったのです。こうして、自らが新しい日本のリーダーになるという平将門の計画は失敗しました。

これからの日本は、外国からの勢力をはねのけられる

日本の歴史書には、鬼がたびたび反乱を起こして、朝廷が討伐を行ったという話が記されているのですが、「鬼」とは大陸の人々という意味だったのです。

坂上田村麻呂は征夷大将軍として東北の乱を鎮圧したとされていますが、要は大陸系の人々と戦っていたのです。

坂上田村麻呂が戦っていた時代は、８００年前後の五芒星のエネルギーが、まだ残っている時期でしたので、大陸系の人々は畿内まで攻め入るのは叶いませんでした。

しかし、五芒星の力が途切れた結果、今の近畿地方は大陸系資本に支配されつつあります。本来、日本で一番大切な地域は近畿地方ですので、あのあたりのエネルギーを上げていかなければ、日本は良くなりません。東京だけ守っても意味はありません。

このたび、私が五芒星の力を復活させたので、今後の近畿地方には大陸系資本は入りづらくなるでしょう。

天照大御神が語る感謝のメッセージ

最後に本鎮座させた真の天照大御神のメッセージをリーディングします。

天照大御神の言葉

ありがとう、ありがとう、ありがとう。伊勢を開いて私《わたくし》、天照大御神を戻してくれて、本当に感謝しています。

もともと、２年前（令和２年）にドクタードルフィンが宇佐の大元神社に参って、卑弥呼とジーザスと共に私を開いてくれました。私は宇佐神宮に収まってはいたものの、伊勢に戻るまでにエネルギーを上げ続けて準備していたわけです。時がきたら、いよいよ伊勢に戻れるという状態でありました。国の体制が変わるほどの大きな出来事だったからこそ、２年前の御神事の際に、週刊誌が飛びつきました。

私が設定した日本の五芒星、私の兄弟である須佐之男命と月読命たちは、今回は本当によくやってくれました。彼らには非常に感謝していますし、誇りに思っています。そして、私の父、母である伊邪那岐命と伊邪那美命も、ドクタードルフィンの五芒星開きによって癒されて、次元上昇が叶いました。それも非常に嬉しく思います。

そもそも、私が五芒星を敷いた後、大和朝廷には邇芸速日命の力が乗っていることはわかっていましたが、朝廷を五芒星の中に治めた結果、自らが書き換わる、生まれ変わってくれるだろう、というのを期待していました。私も一時、伊勢神宮内宮に身を置いて、そこで朝廷の人々が書き換わるか観察していましたが、うまくいきませんでした。彼らに被《かぶ》さる邇芸速日命の、アトランティス系のエネルギーがすごく強かったので、私は諦《あきら》めて宇佐に戻ったわけです。

そして、私が戻った途端に、五芒星が破られました。あれは日本だけではなく、世界・地球全体にとっての悲劇であり、大国からの圧力、世界大戦等々、日本の人々は多くの苦しみを体験しました。ドクタードルフィンが手がけた一連の本に記してあるように、過去の苦しみは、日本人が自ら選択した課題であり、苦難の道を進まざるを得なかったのは、五芒星の結界が解かれたからです。もし、五芒星が破られていなかったら、今までのように、日本人は再三にわたって悲劇を体験する必要はなかったでしょう。

私は、いつか伊勢に本鎮座するという願いが叶うと考えて、宇佐の地でずっと待ち続けていました。２年前の宇佐神宮のエネルギー開きが行われたため、近々それが実現すると予見していました。

そして、令和４年４月20日正午に、それは実に見事に成し遂げられたのです。ドクタードルフィン一行が成し遂げてくれました。御神事と合わせて、両親である伊邪那岐命と伊邪那美命の見守り、そして私の兄弟の協力、傷ついた八咫烏の応援も力となりました。

かつて私を手助けしてくれた藤原純友と平将門も癒されているので、嬉しく思います。ドクタードルフィン、ならびに、ドクタードルフィンの本を読む諸氏、そして、ドクタードルフィンの教えを本にして広めている、青林堂の方々に、感謝を申し上げます。

まさに、伊勢神宮内宮に、私が移鎮座、移り変わったというのは、地球にとっての大偉業です。日本が大きく生まれ変わる大覚醒がはじまったのです。大半の人が知らない、関わった者しか知らぬ出来事ではありますが、凄《すさ》まじい変化が生じました。ただ、ここまで到達するのに千年以上待たざるを得なかったのです。

私、天照大御神は太陽の神です。元気に生きるためのエネルギーを人々に授けたい。須佐之男命が持つ荒々しさ、力強さも、時には必要ですが、これからの世に必要となるのは月読命が持つ穏やかさです。

私のエネルギーが覚醒したため、暖かい元気なエネルギーが、太陽のように降り注ぐでしょう。そして、月の穏やかなエネルギーも強まります。天・地・人が成し遂げられていくでしょう。そのためには、五芒星の復活が必要不可欠でありました。

五芒星が開かれた結果、伊勢神宮内宮に私が入りました。それによって、五芒星中央部の平城京があった場所が、地球の中心となります。地球の中心とは、そこが天と地と一番繋がる、つまり、高次元の透明なピラミッドが再び復活することです。

先ほどドクタードルフィンが言っていましたが、東京が今まで首都として日本の中心であり続けたのは、将門のエネルギーがあったからです。その代わり、魔除けのエネルギーが途切れていた近畿地方は、今まで乱れていました。

五芒星が開いて近畿地方が復活して、日本の再生は五芒星を中心とする近畿地方が鍵になります。今後、東京が繁栄する・しないは別として、今後は近畿地方のエネルギーを重点的に上げていく必要があるでしょう。

今後、伊勢神宮内宮に参る参拝客には、今までとはまったく違う効果が与えられるでしょう。江戸時代以降、伊勢神宮への参拝が人気となりましたが、あれは形式的なものに過ぎませんでした。私は、宇佐から、伊勢に来る者たちにエネルギーを送っていましたが、内宮に鎮座している存在が私ではなかったために、本当の意味で私のエネルギーが入ることはなかったのです。

しかし、私が伊勢神宮内宮に本鎮座した今後は、参拝者に私のエネルギーが直接入ります。今までとは意味合いが違うし、エネルギーの度合いが違う。だからこそ、今後は多くの人々が伊勢神宮を訪れてほしいのです。

日本が、どうして、「大和」だったのか、どうして、その事実が大切なのかを、日本人が思い出すというのが大事な鍵となります。

88次元 Fa-A
ドクタードルフィン 松久 正

医師（慶応義塾大学医学部卒）、米国公認 Doctor of Chiropractic（米国 Palmer College of Chiropractic 卒）。

鎌倉ドクタードルフィン診療所院長。

超次元・超時空間松果体覚醒医学（SD-PAM）／超次元・超時空間 DNAオペレーション医学（SD-DOM）創始者。

神や宇宙存在を超越する次元エネルギーを有し、予言された救世主として、人類と地球を次元上昇させ、弥勒の世を実現させる。著書多数。

ドクタードルフィン公式ホームページ　https://drdolphin.jp

“五芒星”封印解除と“魔除け”再起動

令和４年10月26日　初版発行

著　者　松久正
発行人　蟹江幹彦
発行所　株式会社　青林堂
〒150-0002　東京都渋谷区渋谷3-7-6
電話　03-5468-7769
装　幀　TSTJ inc.
印刷所　中央精版印刷株式会社

Printed in Japan

ISBN 978-4-7926-0733-3

神ドクター
Doctor of God

松久正

至高神・大宇宙大和神（金白龍王）が本書に舞い降りた！
神々を覚醒・修正するドクタードルフィンが、人類と地球のDNAを書き換える！

定価1700円（税抜）

ピラミッド封印解除・超覚醒 明かされる秘密

松久正

ピラミッドは単なる墓などではなかった！
88次元存在であるドクタードルフィンによる人類史上8回目の挑戦で初めて実現させたピラミッド開き！

定価1881円（税抜）

神医学

松久正

医師自身や家族には患者への処方をしない現代西洋医学を斬る！
医学と社会がひっくり返る神医学！

定価1710円（税抜）

松久 正 著

宇宙マスター神「アソビノオオカミ」の秘教

地球の封印を解く大宇宙叡智

アソビノオオカミ
パワーが込められた
神札付き！

大宇宙大和神《オオトノチオオカミ》と対をなすアソビノオオカミが人類解放のメッセージを送る！

今までの地球社会のあり方、地球人のあり方、生き方を、すべて破壊して、目覚めさせる１冊！アソビノオオカミの暖かくも厳しい霊教

本体 2,880 円
上製 150 ページ

松久 正 著

至高神 大宇宙大和神の導き

操り人形の糸が切れるとき

大宇宙大和神
パワーが込められた
弥勒元年神札付き！

『ホピの予言』に込められたメッセージを大宇宙大和神が現代人に伝える！

不安と恐怖で操られないことが、次元上昇へのカギとなる！

本体 2,880 円
上製 220 ページ